Y

CANTIQUES

SPIRITUELS

A L'USAGE DES MISSIONS,

RETRAITES

ET CATÉCHISMES DU DIOCÈSE DE ROUEN,

Avec les Prieres du matin et du soir ;

Imprimés par permission de son Éminence Monseigneur le Cardinal CAMBACERÈS, Archevéque de Rouen, Comte de l'Empire, Sénateur, Grand-Officier décoré du Grand-Aigle de la Légion d'honneur, &c.

NOUVELLE ÉDITION.

A ROUEN,

Chez MÉGARD, Libraire, fucceffeur de N. LABBEY, rue Beauvoifine ; n°. 88.

M. DCCC. XI.

PERMISSION.

ÉTIENNE-HUBERT CAMBACERÈS, par la permiſſion divine, Cardinal-Prêtre de la ſainte Egliſe romaine, du titre de Saint-Etienne *in Monte Cœlio*, Archevêque de Rouen, Comte de l'Empire, Sénateur, Grand Officier décoré du Grand-Aigle de la Légion d'honneur, &c.

Vu l'art. 1er. du Décret impérial du 7 Germinal an XIII, relatif à l'impreſſion des Livres d'Egliſe, &c.

„ Les Livres d'Egliſe, les Heures & Prieres, ne pourront être imprimés ou réimprimés que d'après la permiſſion donnée par les Evêques diocéſains, laquelle permiſſion ſera textuellement rapportée & imprimée en tête de chaque exemplaire :

Permettons au ſieur HERMENT, notre imprimeur ordinaire, d'imprimer, à l'uſage de notre Diocèſe, les Livres énoncés dans ſa requête du 9 Février préſente année ; ſavoir, 1°. la Journée du chrétien, au nombre de quatre mille exemplaires. 2°. Les Cantiques à l'uſage des retraites, trois mille exemplaires ;

A la charge au ſieur HERMENT, de ſe conformer aux diſpoſitions de l'article 1er. du Décret précité.

Donné à Rouen, ſous notre ſeing, le ſceau de nos armes & le contre-ſeing de notre Secrétaire, le 12 Février 1811.

†Le Cardinal CAMBACERÈS, *Arch. de Rouen.*

PAR SON ÉMINENCE,
CHEVANNE.

AVERTISSEMENT.

LEs Cantiques spirituels renferment, ou des Instructions sur les vérités du salut, ou des Actes de différentes vertus, ou des louanges de Dieu & des Saints: il ne faut donc pas s'étonner s'ils ont été si fort en usage dans l'ancienne & la nouvelle Loi, & si les fideles de la primitive Eglise, (*a*) suivant l'avertissement de S. Paul, en ont fait leur principale occupation, & les Solitaires les plus cheres délices de leur retraite. Mais on doit beaucoup gémir de voir que la plupart des Chrétiens de ce siecle aient non-seulement perdu le goût des saints Cantiques, mais encore qu'ils leur substituent des chansons toutes profanes, souvent même impies ou licencieuses, capables de réveiller les passions & de fomenter la corruption naturelle de leur cœur. Si le salut des Peres & Meres, selon S. Paul (*b*), dépend de l'éducation chrétienne de leurs enfants, ils sont bien coupables & bien à plaindre en même-temps, de ce que, songeant plutôt à les rendre agréables au monde qu'à les former pour le ciel, ils remplissent, sans scrupule, des ames innocentes d'un venin si dangereux, les empoisonnant, pour ainsi dire, dès le berceau, & consacrant au démon les prémices d'un âge si propre à recevoir les divines semences de la religion. C'est dans le désir sincere d'apporter quelque remede à ces maux, qu'on a résolu de donner au public ce recueil de Cantiques. Quoique, dans ce travail, on ait eu en vue principalement les enfants, on est persuadé

(*a*) *Ephes.* 5. 10. *Coloss.* 3. 19.
(*b*) *Tim.* 2. 25.

néanmoins que les perfonnes les plus avancées en âge en peuvent tirer beaucoup d'utilité , et on efpere qu'il fervira aux uns et aux autres à éclairer leur efprit fur les myfteres de la religion , à échauffer leur cœur par de pieufes affections , à les délaffer faintement dans leur travail , & à les faire foupirer après la vie du ciel , pour y chanter ce Cantique nouveau , dont parle S. Jean (a) , qui fera l'occupation des Saints pendant toute l'éternité.

(a) *Apoc. 5. 9.*

Que ma bouche foit remplie de vos louanges , afin que je chante votre gloire & votre grandeur pendant tout le jour. Pf. 70. ℣. 15.

Que les jeunes hommes & les filles , les vieillards & les enfants , louent le nom du Seigneur. Pf. 148. ℣. 12.

Rempliffez-vous du S.-Efprit , vous entretenant de Pfeaumes , d'Hymnes & de Cantiques fpirituels , chantant & pfalmodiant au fond de vos cœurs à la gloire du Seigneur. S. Paul, Eph. Chap. 5. ℣. 19.

Inftruifez-vous & exhortez-vous les uns les autres par des Pfeaumes , des Hymnes & des Cantiques fpirituels , chantant de cœur , avec édification , les louanges du Seigneur. S. Paul aux Coloff. Chap. 3. ℣. 13.

Quelqu'un de vous eft-il dans la trifteffe ? qu'il prie. Eft-il dans la joie ? qu'il chante de faints Cantiques. S. Jacques. 5. ℣. 15.

Paul & Silas ayant été mis en prifon , chantoient des Hymnes en l'honneur de Dieu , de forte que les autres prifonniers les entendoient. Act. 15. ℣. 25.

PREMIER CANTIQUE.

Pour l'ouverture d'une Miſſion.

CHANT PREMIER.

UN Dieu vient ſe faire entendre,
Cher peuple, quelle faveur !
A ſa voix il faut vous rendre,
Il demande votre cœur.
   Accourez, peuple fidele,
Venez à la Miſſion,
Le Seigneur qui vous appelle
Veut votre converſion.
   Dans l'état le plus horrible
Le péché vous a réduits :
Mais, à vos malheurs ſenſible,
Dieu vers vous nous a conduits. Accourez, &c.
   Sur vous il fera reluire
Une céleſte clarté,
Dans vos cœurs il va produire
Le feu de la charité. Accourez, &c.
   Trop long-temps, hélas ! le crime
A pour vous eu des attraits ;
Qu'un ſaint deſir vous anime
A le bannir pour jamais. Accourez, &c.
   Loin de vous toute injuſtice
Et toute diviſion ;
Que par-tout ſe rétabliſſe
La concorde & l'union. Accourez, &c.
   Du blaſphême, du parjure,
Marquez une ſainte horreur :
Plus en vous de flamme impure,
N'aimez plus que la pudeur. Accourez, &c.
   Evitez l'intempérance,

Et tout plaifir criminel ;
Que chacun enfin ne penfe
Qu'à fon falut éternel. Accourez , &c.
    Sans tarder , changez de vie ;
Sur vos maux , pleurez , pécheurs,
C'eft Dieu qui vous y convie ,
N'endurciffez point vos cœurs! Accourez , &c.
    Quel bonheur ineftimable ,
Si , plein d'un vrai repentir ,
De fon état miférable ,
Tout pécheur vouloit fortir. Accourez , &c.
    Ah ! Seigneur , qu'enfin fe faffe
Ce defiré changement !
Dans les cœurs , par votre grace ,
Venez agir fortement. Accourez , &c.
    Brifez , ô Dieu de clémence !
Leur coupable dureté ;
Qu'une fainte pénitence
Lave leur iniquité. Accourez , &c.

SECOND CANTIQUE.

Sentiment d'une ame qui veut profiter de la Miff.

Chant 27.

QUE de tréfors enrichiffent mon ame !
Mon Dieu , quel éclat , quelle flamme !
Le ciel eft devenu l'objet de mes foupirs :
Ah ! je n'ai plus que d'innocents defirs.
    * Ah Miffion ! que ta grace eft féconde !
    Ce cœur qui n'aima que le monde ,
Méprife tous fes biens , tous fes flatteurs appas ;
    Le monde feul eft ce qu'il n'aime pas ,
    C'eft à mon Dieu que mon cœur s'abandonne,
        Pour prix des tréfors qu'il me donne ;
Je n'aime plus que lui , c'eft mon fuprême bien ;
Il eft à moi , je ne demande rien.
    Je ne puis trop admirer la clémence
        D'un Dieu qui me rend l'innocence ;
    ** Je veux la conferver avec précaution,
        Sans me flatter d'une autre Miffion.

Que le péché me devient déteftable !
Hélas ! quand un cœur eft coupable,
Que l'heure du trépas lui caufe un jufte effroi !
Affreux péché, retire-toi de moi.
Et vous plaifirs, autrefois pleins de charmes;
Faux biens, noyez-vous dans nos larmes:
Peut-on affez pleurer ces jours infortunés,
Ces triftes jours que l'on vous a donnés ?
Malgré l'écueil où mon cœur fit naufrage,
Je fuis échappé de l'orage:
Non, non, je ne veux plus m'abandonner aux flots,
Je reconnois le prix du faint repos.
Prêt d'expirer fous le poids de mon crime,
Déjà fur le bord de l'abyme,
Sans le fecours d'un Dieu qui devoit me punir,
Infortuné, qu'allois-je devenir ?
C'étoit trop peu d'un fecours ordinaire,
Je fais quelle étoit ma mifere:
Dieu feul pouvoit fuffire à mon iniquité,
J'avois befoin de toute fa bonté.
La Miffion eft le temps defirable,
Ce jour au falut favorable:
Il n'en falloit pas moins pour calmer mon effroi,
Le fang d'un Dieu devoit couler fur moi.
O quel bonheur ! que je brife de chaînes !
Combien je m'épargne de peines !
Mon fort, mon trifte fort devient tout glorieux,
Et des enfers je vole jufqu'aux cieux.
O jour heureux qui finit mes alarmes !
O jour pour mon cœur plein de charmes !
O jour qui m'enrichit du bien le plus parfait,
O jour enfin que le Seigneur a fait !

* Dans un Jubilé, on pourroit chanter ce Cantique, en mettant au fecond couplet, *faint Jubilé*,
au lieu de: *Ah, Miffion!*

Et au quatrieme,

** *Je veux la conferver le refte de mes jours,*
Sans me flatter d'un femblable fecours.

TROISIEME CANTIQUE.

Avant le Catéchifme. Chants 17 & 18.

AFIN d'être docile & fage,
Seigneur, donnez-moi votre efprit,
Pour apprendre, felon mon âge,
La doctrine de Jefus-Chrift.

Efprit-Saint, faites-moi comprendre
Ce que vous allez m'expliquer ;
Mais, en me le faifant apprendre,
Faites-le-moi bien pratiquer.

Pour être heureux dans la jeuneffe,
Apprenons la loi du Seigneur ;
Parmi nous que chacun s'empreffe
A prendre part à ce bonheur.

Servons Dieu dès notre bas-âge,
Connoiffons, aimons le Seigneur :
Peut-on faire un plus faint ufage
De fon efprit & de fon cœur?

QUATRIEME CANTIQUE.

Après le Catéchifine. Chants 17 & 18.

GRACES, mon Dieu, vous foient rendues
Pour vos faintes inftructions ;
Pardon fi je les ai reçues
Avec tant de diftractions.

Puifqu'on eft d'autant plus coupable
Qu'on fait & ne fait pas le bien,
Si vous me rendez plus capable,
Seigneur, rendez-moi plus chrétien.

L'Apôtre prononce anathême
A qui n'aime pas le Seigneur ;
Je veux l'aimer plus que moi-même,
Afin d'éviter ce malheur.

Vive Jefus, vive Marie,
Qu'ils vivent tous deux dans mon cœur ;
Vivre pour eux dès cette vie,
C'eft commencer notre bonheur.

CINQUIEME CANTIQUE.
Pour le temps de l'Avent.
Chants 15 & 43.

DIEU va déployer fa puiffance,
Le temps comme un fonge s'enfuit :
Les fiecles font paffés, l'éternité commence ;
Le monde va rentrer dans l'horreur de la nuit.
  Dieu va, &c.

    J'entends la trompette effrayante ;
    Quel bruit & quels lugubres airs !
Le Seigneur a lancé fa foudre étincelante,
Et fes feux dévorants embrâfent l'univers.
  J'entends, &c.

    Les monts foudroyés fe renverfent,
    Les êtres font tous confondus ;
La mer ouvre fon fein, les ondes fe difperfent ;
Tout eft dans le chaos, & la terre n'eft plus.
  Les monts, &c.

    Sortez du tombeau, ô pouffiere !
    Dépouilles des pâles humains !
Le Seigneur vous appelle, il vous rend la lumiere,
Il va fonder les cœurs & fixer vos deftins.
  Sortez, &c.

    Il vient..... tout eft dans le filence ;
    Sa Croix porte au loin la terreur :
Le pécheur confterné frémit en fa préfence,
Et le jufte lui-même eft faifi de frayeur.
  Il vient, &c.

    Affis fur un trône de gloire,
    Il dit : Venez, ô mes élus !
Comme moi, vous avez remporté la victoire,
Recevez de ma main le prix de vos vertus.
  Affis, &c.

    Tombez dans le fein de l'abyme,
    Tombez, pécheurs audacieux :
De mon jufte courroux, immortelles victimes,
Vils fuppôts des démons, vous brûlerez comme eux.   Tombez, &c.

Vous n'êtes plus, vaines chimeres,
Objets d'un sacrilége amour.
Fléau du genre humain, oppresseurs de vos
    freres,
Héros tant célebres, qu'êtes-vous dans ce jour?
    Vous n'êtes, &c.

    Triste éternité de supplices,
    Tu vas donc commencer ton cours :
De l'heureuse Sion, ineffables délices,
Bonheur, gloire des saints, vous durerez tou-
    jours.
    Triste, &c.

    Grand Dieu ! qui sera la victime
    De ton implacable fureur ?
Quel noir pressentiment me tourmente & m'op-
    prime !
La crainte & le remords me déchirent le cœur.
    Grand Dieu, &c.

    De tes jugements, Dieu févere,
    Pourrai-je subir les rigueurs ?
J'ai péché, mais ton sang défarme ta colere ;
J'ai péché, mais mon crime est éteint dans mes
    pleurs.
    De tes jugements, &c.

SIXIEME CANTIQUE.

Desir d'un Chrétien fur la venue du Meffie.
Chant 7.

VEnez, Sauveur du monde,
    Vous pouvez feul nous rendre heureux ;
Que votre amour réponde
A nos plus tendres vœux.

    Quittez les cieux pour ces bas lieux ;
Si l'homme vous est odieux,
Songez qu'il fut cher à vos yeux.
    Venez, Sauveur du monde,
Vous pouvez feul nous rendre heureux ;
Que votre amour réponde
A nos plus tendres vœux.

Rendez le jour à ce féjour ;
Que chacun brûle tour-à-tour
Du feu divin de votre amour.
   Venez, Sauveur du monde, &c.
   Brifez les fers de l'univers,
Fermez les portes des enfers,
Et que les Cieux nous foient ouverts.
   Venez, Sauveur du monde, &c.
   Voyez nos cœurs dans les langueurs ;
Nous verfons des torrents de pleurs,
Rien n'eft égal à nos malheurs.
   Venez, Sauveur du monde, &c.
   Ah ! faites-nous un fort plus doux ;
Si votre Pere eft en courroux,
C'eft à vous d'arrêter fes coups.
   Venez, Sauveur du monde, &c.
   Ah ! vous naiffez, & c'eft affez ;
Nos crimes font donc effacés,
Nos fers rompus, nos maux paffés.
   Divin Sauveur du monde,
Vous rendez les mortels heureux ;
Il faut que tout réponde
A vos foins amoureux.

SEPTIEME CANTIQUE.

Les effets que va produire la naiffance de J. C.

Chant 45.

Oublions nos maux paffés,
Ne verfons plus de larmes ;
Tous nos vœux font exaucés
Nous n'avons plus d'alarmes ;
Dieu naît, les démons font terrassés :
Quel fort eut plus de charmes ?
   L'Univers étoit perdu
Par un funefte crime ;
Du ciel un Dieu defcendu,
Le fauve de l'abyme :
L'enfer nous étoit juftement dû,
Dieu nous fert de victime.

Ce Dieu qui vient s'incarner
Finit notre disgrace ;
La justice alloit tonner,
Mais l'amour prend sa place :
Le Pere est prêt à nous condamner,
Le Fils demande grace.

Nous échappons aux enfers,
Nous sortons d'esclavage ;
Les Cieux vont nous être ouverts,
Quel plus heureux partage !
La salut s'offre à tout l'univers,
Amour, c'est ton ouvrage.

Pouvons-nous trop estimer
Un sort si désirable ?
Peut-il ne pas nous charmer,
Ce Dieu si favorable ?
Pouvons-nous jamais assez l'aimer ?
Qu'est-il de plus aimable ?

Sous la forme d'un mortel,
C'est un Dieu qui se cache ;
Du sein du Pere éternel
Son tendre amour l'arrache :
Pour nous il vient s'offrir à l'Autel,
Comme un Agneau sans tache.

Qu'il nous aime tendrement !
Il se livre lui-même ;
Aimons souverainement
Cette bonté suprême ;
Aimons, aimons ce divin enfant,
Aimons-le comme il aime.

HUITIEME CANTIQUE.

Desir de la venue de Jesus-Christ. Chant 50.

DANS cette étable
Que Jesus est charmant !
Qu'il est aimable
Dans son abaissement !
Que d'attraits à-la-fois !
Tous les palais des Rois

N'ont rien de comparable
Aux beautés que je vois
   Dans cette étable.
  Que fa puiffance
Paroît bien en ce jour,
   Malgré l'enfance
Où le réduit l'amour !
L'efclave racheté
Et tout l'enfer dompté,
Font voir qu'à fa naiffance
Rien n'eft fi redouté
   Que fa puiffance.
  Heureux myftere !
Jefus fouffrant pour nous,
   D'un Dieu févere
Appaife le courroux :
Pour fauver le pécheur
Il naît dans la douleur ;
Et fa bonté de pere
Eclipfe fa grandeur :
   Heureux myftere !
  Que je vous aime !
Peut-on voir vos appas,
   Beauté fuprême ,
Et ne vous aimer pas?
Puiffant maître des Cieux.
Brûlez-moi de ces feux
Dont vous brûlez vous-même ;
Ce font-là tous mes vœux :
   Que je vous aime !

NEUVIEME CANTIQUE.

Pour le S. jour de Noël & le Dimanche fuivant.
Chants 1 & 8.

CÉLÉBRONS le Roi de gloire,
Par nos différents concerts ;
Chantons, des chants de victoire
Faifons retentir les airs :
Qu'à bénir Dieu tout s'empreffe ,

Dans ce jour ſi fortuné.
Ah ! quel ſujet d'allégreſſe !
Un Rédempteur nous eſt né.

L'Homme devenu rebelle,
Avoit mérité la mort ;
D'une miſere éternelle
Il devoit ſubir le ſort.
Le démon ſous ſa puiſſance
Retenoit tout l'univers ;
Mais cette heureuſe naiſſance
Vient enfin briſer nos fers.

Du ciel la juſte colere
Va s'appaiſer déſormais ;
Le Fils unique du Pere
Vient nous apporter la paix.
Pour réparer notre offenſe,
Quittant ſon Trône éternel,
Ce Dieu vient ſous l'apparence
D'un homme foible & mortel.

Quelle merveille ineffable !
L'Eternel, le Tout-Puiſſant,
Eſt couché dans une étable,
Sous la forme d'un enfant :
Mais ſi cet auguſte Maître
Nous cache ſa Majeſté,
Ah ! qu'il nous fait bien paroître
L'excès de ſa charité !

Pour nous élever lui-même,
Il daigne s'anéantir ;
Par ſon indigence extrême,
Il cherche à nous enrichir :
Les ſouffrances qu'il endure
Mettront fin à nos malheurs ;
Pour laver notre ame impure,
Il commence par ſes pleurs.

Pour l'homme, toujours le crime
Avoit été plein d'appas ;
Un amour plus légitime

Va conduire tous ses pas :
Revenez, belle innocence,
Descendez encor des Cieux :
Qu'à votre aimable puissance
Le péché cede en tous lieux.

   C'est le soleil de justice
Qui vient à nous se montrer ;
De sa lumiere propice
Il vient pour nous éclairer ;
Il vient nous faire connoître
Le vrai culte du Seigneur :
Par sa grâce il fera naître
L'amour saint dans notre cœur.

   Accourons tous à la crèche,
Portons nos yeux sur Jesus ;
Déjà sans parler il prêche
La pratique des vertus :
Que notre esprit y contemple
L'état de ce Dieu naissant.
Oh ! que pour nous son exemple
Est un exemple puissant !

   Le Roi des Cieux, dans l'enfance,
De l'orgueil doit nous guérir ;
Un Dieu saint dans la souffrance,
Doit nous apprendre à souffrir :
En voyant la pauvre étable
Où naît notre Rédempteur,
Que de tout bien périssable
L'homme détache son cœur.

   Saint Enfant, divin Messie,
O Verbe fait chair pour nous !
Vous nous apportez la vie,
Ah ! que ferons-nous pour vous ?
A vous seul, maître adorable,
Nous nous donnons en ce jour ;
Vous serez, Sauveur aimable,
Tout l'objet de notre amour.

DIXIEME CANTIQUE.

Le moment de la naiſſance de J.-C. Chant 46.

O Dieu de clémence,
Viens, par ta préſence,
Combler nos deſirs,
Appaiſer nos ſoupirs. *Fin.*
Sauveur ſecourable
Parois à nos yeux ;
A l'homme coupable
Viens ouvrir les Cieux :
Céleſte victime,
Ferme-lui l'abyme. O Dieu, &c.
Sageſſe éternelle,
Lumiere immortelle,
Viens du haut des Cieux,
Viens éclairer nos yeux. *Fin.*
Juſtice adorable
Parois à jamais,
O toujours aimable,
Viens céleſte paix ;
Qu'ils feront durables
Tes biens ineffables ! Sageſſe, &c.
Peuple inconſolable,
Le ciel favorable,
Senſible à tes pleurs,
Met fin à tes malheurs. *Fin.*
Le Dieu de Juſtice
Remplit tes deſirs ;
Il ſera propice
Aux humbles ſoupirs :
Ils vont juſqu'au trône
Du Dieu qui pardonne. Peuple, &c.
O jour d'allégreſſe !
Le ciel s'intéreſſe
A tous nos malheurs ;
Il calme nos frayeurs. *Fin.*
Un Dieu va paroître
Dans l'abaiſſement :

Un

Un Dieu vient de naître
Dans le dénuement.
  Il est dans l'étable,
    Pauvre & misérable. O jour, &c.
  Un dur esclavage
Fut notre partage :
Il brise nos fers
Et sauve l'univers. *Fin.*
  Loin de sa présence
Le crime s'enfuit,
Et par sa puissance
L'enfer est réduit :
    A tous sa naissance
      Rendra l'innocence. Un dur, &c.
  Chantons tous sa gloire,
Chantons sa victoire,
Chantons ses bienfaits,
Chantons-les à jamais. *Fin.*
  Tous les cieux s'abaissent ;
Saisis de respect,
Nos maux disparoissent
A son seul aspect.
    Tout à sa naissance
      Cede à sa puissance. Chantons, &c.
  Gloire à son enfance,
Gloire à sa clémence
Au plus haut des Cieux ;
Gloire, amour en tous lieux. *Fin.*
  Que les chœurs des Anges,
Que les immortels
Chantent ses louanges
Avec les mortels :
    Qu'à l'envî répondent,
      Et la terre & l'onde. Gloire, &c.

ONZIEME CANTIQUE.

Noël nouveau. Chant 47.

Faisons retentir ces lieux
Des chants d'une sainte allégresse,

B

Le souverain maître des Cieux
En descend en ce jour , & jusqu'à nous s'abaisse.
    Chantons , célébrons son amour ;
    Chantons , célébrons son amour ;
Il vient pour nous donner la vie,
Exaltons sa bonté , sa puissance infinie.
Il brise , il brise nos fers en ce jour ;
Il brise nos fers en ce jour ;
Il brise , il brise nos fers en ce jour.
C'est le fils de l'Eternel ,
C'est l'objet de ses complaisances ,
Qui quitte le sein paternel
Pour venir ici-bas réparer nos offenses.
    Célébrons cet heureux destin.
    Célébrons cet heureux destin ;
Ah ! que son amour est extrême !
Pour nous donner la vie , il s'immole lui-même :
Il brûle , il brûle d'un feu tout divin ;
Il brûle d'un feu tout divin ;
Il brûle , il brûle d'un feu tout divin.
    Venez , aimable Sauveur ,
    O Jesus l'Epoux de mon ame !
Venez habiter dans mon cœur ,
Embrâsez-le en ce jour d'une céleste flamme :
    Venez , & par votre séjour ,
    Venez , & par votre séjour ,
Fixez de mon cœur l'inconstance :
Ah ! Seigneur , qu'à jamais votre sainte présence
M'enflamme, m'enflamme de ce saint amour ;
M'enflamme de ce saint amour ;
M'enflamme, m'enflamme de ce saint amour.

DOUZIEME CANTIQUE.

Pour le premier jour de l'An.

Réglement de vie.

CHrétien , qui voulez conserver
  De vos mœurs l'innocence ,
Vous devez sur-tout éviter
De vivre avec licence ;

Obſervez donc fidelement
Les avis falutaires
Que renferme ce réglement;
Ils font tous néceſſaires.

Le matin, en vous éveillant,
Portez votre penſée
A conſacrer au Tout-puiſſant
Le cours de la journée :
Que dès-lors toute votre ardeur
Soit d'être à ſon ſervice;
Et faites-lui de votre cœur
Ce premier ſacrifice.

Ayez toujours pour vous lever
Certaine heure réglée :
Sortez du lit fans balancer
Quand elle eſt arrivée;
Venez enſuite à deux genoux,
Rendre à Dieu votre hommage,
Priez-le qu'il ait foin de vous;
Offrez-lui votre ouvrage.

S'il eſt poſſible, chaque jour
Aſſiſtez à la Meſſe,
Avec le reſpect & l'amour
Que peut votre foibleſſe;
Sinon préſent, au moins d'eſprit,
A ce divin Myſtere,
Uniſſez-vous à Jeſus-Chriſt,
Pour honorer ſon Peré.

L'homme étant né pour travailler,
La raiſon vous engage
D'être fidele à employer
Votre temps à l'ouvrage;
Evitez de la lâcheté
Les moindres artifices,
Convaincus que l'oiſiveté
Eſt mere de tous vices.

A chercher les mets délicats,
Rien ne vous autoriſe;

Soyez sobres dans vos repas,
Fuyez la gourmandise :
N'oubliez jamais le danger
Qui se trouve à la suivre ;
Et qu'on ne vit pas pour manger,
Mais qu'on mange pour vivre.

Par un examen général,
Finissez la journée,
Et rappelez-vous tout le mal
Dont vous l'avez souillée.
Implorez d'un Dieu offensé
La bonté paternelle ;
Demandez pardon du passé,
Et soyez plus fidele.

Pour expier vos manquements,
Qu'aucun mois ne se passe
Sans approcher des Sacrements,
Et vous remettre en grace :
Et par l'avis d'un Directeur
Zélé, prudent & sage,
Du corps & du sang du Sauveur
Faites souvent usage.

TREIZIEME CANTIQUE.
Pour le jour de l'Epiph. & le Dimanche suiv.
Chants 21 & 22.

RÉjouis-toi, Chrétien, voici ta Fête,
Voici le jour qui t'apporte la Foi.
L'Astre qui luit au-dessus de ta tête,
Vient t'annoncer un Sauveur & un Roi.

O jour heureux, ô jour très-mémorable !
L'on n'a point vu jusqu'ici son pareil ;
Pour le Gentil, ah, qu'il est favorable !
Jesus y vient pour être son Soleil.

Trois Rois guidés par l'étoile brillante,
A Bethléem vont voir ce nouveau Roi :
D'un Homme-Dieu la merveille étonnante
Surprend leurs yeux, mais anime leur foi.

La foi leur dit : c'est ici votre Maître,

Adorez-le , faites-lui des préfents ;
C'eſt le grand Dieu , c'eſt le fouverain Être,
Préfentez-lui l'or , la myrrhe , l'encens.

L'or nous fait voir que des Rois c'eſt le maître ;
L'encens nous dit qu'il eſt le Dieu des Dieux ;
La myrrhe apprend qu'il a bien voulu naître,
Et prendre un corps pour paroître à nos yeux.

Apprends, pécheur, quand la grace t'appelle,
Comme les Rois à fuivre ſes attraits ;
Suis l'Eſprit-Saint , ne lui ſois plus rebelle,
Mets à profit ſes graces , ſes bienfaits.

Roi fouverain du ciel & de la terre,
Ne fouffrez plus que le mal regne en moi :
Prenez mon cœur , je veux toujours vous plaire ;
Augmentez donc mon amour & ma foi.

QUATORZIEME CANTIQUE.
Les avantages de la ferveur. Chant 48.

Goûtez , ames ferventes ,
Goûtez votre bonheur ,
Et demeurez conſtantes
Dans votre fainte ardeur.

Heureux le cœur fidele
Où regne la ferveur !
On poſſede avec elle
Tous les dons du Seigneur ,
Tous les dons du Seigneur.

Elle eſt le vrai partage
Et le ſceau des élus :
Elle eſt l'appui, le gage
Et l'ame des vertus. Heureux , &c.

Par elle la foi vive
S'allume dans les cœurs,
Et fa lumiere active
Guide & regle nos mœurs. Heureux , &c.

Par elle l'eſpérance
Ranime nos foupirs,
Et croit jouir d'avance
Du Dieu de ſes defirs. Heureux , &c.

Par elle dans les ames
S'accroît de jour en jour
L'activité des flammes
Du pur & saint amour. Heureux , &c.
 C'est sa vertu puissante
Qui garantit nos sens
De l'amorce attrayante
Des plaisirs séduisants. Heureux , &c.
 C'est par la vigilance
Que l'esprit & le cœur
Gardent leur innocence ,
Et sauvent leur pudeur. Heureux , &c.
 C'est elle qui de l'ame
Dévoile la grandeur ;
Et le zele s'enflamme
Par sa vive chaleur. Heureux , &c.
 De l'ame pénitente
Elle adoucit les pleurs ,
Et de l'ame souffrante
Elle éteint les douceurs. Heureux , &c.
 L'ame toujours docile
A vivre sous ses loix ,
Parcourt d'un pas agile
La route de la Croix. Heureux , &c.
 Par elle du martyre
Les sanglantes rigueurs ,
Au cœur qui le desire ,
N'offrent que des douceurs. Heureux , &c.
 Elle est , pour qui seconde
Ses généreux efforts ,
Une source féconde
De célestes trésors. Heureux , &c.
 Une larme sincere ,
Un seul soupir du cœur ,
Par elle a de quoi plaire
Aux yeux purs du Seigneur. Heureux , &c.
 C'est elle qui prépare
Tous ces traits de beauté

Dont la main de Dieu pare
Les faints dans fa clarté. Heureux , &c.

   Sous fes heureux aufpices ,
On goûte les bienfaits ,
Les charmes , les délices
De la plus douce paix. Heureux , &c.

   Mais , fans fa vive flamme ,
Tout déplaît , tout languit ,
Et la beauté de l'ame
Se fanne & dépérit.
Heureux le cœur fidele , &c.

QUINZIEME CANTIQUE.
Sur la mort. Chant 29.

LA mort toujours peut nous furprendre ,
On peut mourir même en naiffant ;
On n'eft pas fûr d'un feul inftant
   Dans l'âge le plus tendre.
  La mort à tout âge eft à craindre ,
Chaque pas conduit au tombeau ;
Tous nos jours ne font qu'un flambeau
   Qu'un fouffle peut éteindre.
  L'inftant où j'ouvre la paupiere
Peut me compter parmi les morts ;
La premiere heure où je m'endors
   Peut être ma derniere.
  O mort ! moment inévitable
D'où mon fort éternel dépend !
Qu'il eft terrible ce moment
   Pour qui fe fent coupable !
  Mais la mort n'eft point effrayante
Pour qui toujours fut innocent ;
Le pécheur même pénitent
   La trouve confolante.
  O que l'homme eft peu raifonnable !
Que le pécheur eft imprudent !
Pouvoir mourir à tout inftant ,
   Toujours vivre coupable !
  Pourquoi donc cette attache extrême

Aux biens, aux honneurs, aux plaisirs?
Hélas! tout ce qui doit finir
     Mérite-t-il qu'on l'aime?
   Mourrai-je faint, mourrai-je impie?
Dieu m'a caché ce dernier fort;
Ce que je fais, c'est que ma mort
     Sera comme ma vie.
   O mon Dieu! faites à toute heure
Que je penfe à mon dernier jour,
Et que vivant dans votre amour,
     Dans votre amour je meure.

SEIZIEME CANTIQUE.

Sur l'éternité des peines de l'Enfer. Chant 23.

METtrons-nous toujours notre gloire
A n'être pleins que de la vanité?
Peut-on s'en occuper & croire
Qu'on foit fait [*bis.*] pour l'éternité?
   N'aimons plus les bienfaits périffables,
Ne craignons plus les malheurs temporels?
Aimons les biens toujours durables,
Et craignons [*bis.*] les maux éternels.
   Dans ce monde il n'eft rien qui dure,
Ni biens, ni maux, ni plaifirs, ni douleurs:
Dans l'autre, tout eft fans mefure,
Biens & maux [*bis.*] délices & pleurs.
   Ce qui rend douce une fouffrance,
C'eft de favoir que le mal finira;
On a dans l'enfer l'affurance
De fouffrir [*bis.*] tant que Dieu fera.
   Ici les maux que l'on endure,
Ou finiront, ou nous feront finir:
Le mal d'un damné toujours dure,
Et jamais [*bis.*] ne le fait mourir.
   Dieu le conferve dans les flammes,
Et leur ardeur jamais ne ceffera:
Le ver qui rongera leurs ames,
Vit toujours [*bis.*], & toujours vivra.
   Jamais les maux en cette vie

Ne se font sentir en même-temps ;
Mais ceux dont la mort est suivie ,
Sont , hélas ! [*bis.*] pour toujours présents.

 L'ame a sans cesse en la pensée
Les maux soufferts & les maux à souffrir ;
Elle est à la fois tourmentée
Du présent [*bis.*] & de l'avenir.

 Ah ! si dans mille & mille années
On pouvoit se flatter d'un bon moment !
Mais non , ames infortunées ,
Vous serez [*bis.*] sans soulagement.

 Plus vous souffrez pour votre offense ,
Plus il vous reste à souffrir désormais :
Toujours l'éternité commence ,
Son cours [*bis.*] ne finira jamais.

 Un million d'ans qu'une ame endure
Ne sera pas pour un moment compté ,
Et chaque moment de torture
Lui paroît [*bis.*] une éternité.

 Que tes faveurs , monde , sont cheres !
Que vous coûtez , vains plaisirs d'un moment !
Pour quelques douceurs passageres
On languit [*bis.*] éternellement.

 Encor si le temps des supplices
Passoit ainsi qu'ont passé les beaux jours ;
Un instant finit les délices ,
Le tourment [*bis.*] durera toujours.

 L'ame souffre , & rien ne la tue ;
Toujours on meurt , & toujours on vivra ;
Jamais on ne perd Dieu de vue ,
Et jamais [*bis.*] on ne le verra.

 Être toujours dans la tristesse ,
Jamais n'avoir de paix ni de repos ,
Jamais ne sentir d'allégresse ,
Et toujours [*bis.*] souffrir tous les maux.

 Jamais ne voir le seul aimable ,
Toujours sentir de cruelles douleurs :
Jamais ! ô jamais effroyable !

C

O toujours ! [*bis.*] ô fource de pleurs !

DIX-SEPTIEME CANTIQUE.
Contre le luxe & les immodefties dans les habits.
Chants 17 & 18.

A Quoi bon ces parures vaines,
Ces ornements trop affectés ?
Vous nous flattez, pompes mondaines,
Et nous flattant vous nous perdez.

Quel defir fatal nous enflamme !
Nous ne penfons qu'à notre corps ;
Nous négligeons d'orner notre ame,
C'eft le plus beau de nos tréfors.

Tous ces foins que l'on prend pour plaire
Ont bien fouvent un trifte fort ;
Vous cherchez à vous fatisfaire,
Et le plaifir donne la mort.

Vous caufez de coupables flammes
Par vos attraits pernicieux,
Et le poifon va jufqu'aux ames
Sitôt qu'il entre par les yeux.

Cette ardeur que le luxe allume,
Nous embrâfe d'un fol amour ;
Tel nous regarde & nous confume,
Qui nous fait brûler à fon tour.

Sur ce ridicule étalage,
Auquel tout le monde applaudit,
On a beau me citer l'ufage,
Je réponds : Le ciel le maudit.

DIX-HUITIEME CANTIQUE.
Contre les défordres du Carnaval. Ch. 1 & 8.

G Émiffez, ames chrétiennes,
Gens de bien fondez en pleurs,
Sur les débauches payennes
Qui corrompent tant de cœurs.
Hélas ! que ces triftes fcenes
Sont dignes de vos douleurs !
Gémiffez, ames chrétiennes,
Gens de bien, fondez en pleurs.

Détestons cette allégresse,
Ces jeux, ces ris insolents;
Doit-on quitter la sagesse
Pour des plaisirs indécents?
Pleurons quand chacun s'empresse
De satisfaire ses sens.
Détestons, &c.

Quand l'Eglise est occupée
Des douleurs du Roi des Rois,
Qu'une ame est abandonnée,
Qui du monde suit les lois,
Peut-elle être dissipée,
Et s'éloigner de la Croix?
Quand l'Eglise, &c.

Dans le reste de l'année
On veut paroître meilleur;
D'une conduite réglée
On garde l'extérieur:
En ce temps, tête levée,
On fait le mal sans pudeur.
Dans le reste, &c.

La raison est abrutie
Par l'excès où l'on vit;
Il semble que l'on oublie
Qu'il faut vivre de l'esprit:
De cette conduite impie
L'impénitence est le fruit.
La raison, &c.

Au jeûne, à la pénitence,
Que chacun doit embrasser;
Suivant cette extravagance,
Prétend-on se disposer?
Donnant dans l'intempérance,
C'est bien mal se préparer.
Au jeûne, &c.

O Dieu plein de patience!
C'est trop long-temps s'abuser:
Seigneur, en votre présence

C 2

Nous venons nous profterner ;
Par des fruits de pénitence
Nous voulons vous appaifer.
O Dieu , &c.

Loin des fpectacles , des danfes ,
Loin des feftins fuperflus ,
Des folles réjouiffances
Et des plaifirs défendus ,
Nous voulons, de vos fouffrances,
Nous occuper , ô Jefus !
Loin des Spectacles , &c.

DIX-NEUVIEME CANTIQUE.

Pour la Septuagéfime & Dimanches fuivants.
Dialogue fur les peines des damnés.
Chants 10 & 11.

D. MAlheureufes créatures ,
Que le Dieu de l'univers ,
Par d'éternelles tortures ,
Punit au fond des enfers ,
Dites-nous , dites-nous ,
Quel tourment endurez-vous ?

R. Pourquoi nous faire répondre ?
C'eft augmenter nos douleurs :
C'eft nous-mêmes nous confondre
De raconter nos malheurs.
Hélas ! hélas !
Mortels, ne nous fuivez pas.

D. Vous libertins, vous athées,
Sans foi , fans religion ,
Qui , dans vos folles penfées,
D'un Dieu blafphémiez le nom. Dites-nous,&c.

R. Hélas ! que ce Dieu de gloire ,
Dont nous reffentons les coups ,
Nous force bien de croire,
Et de dire, malgré nous : Hélas ! &c.

D. Vains adorateurs du monde ,
Où font toutes vos grandeurs ,
Et la gloire que l'on fonde

Sur l'éclat des honneurs ? Dites-nous, &c.

R. Ah ! cette gloire est passée
Comme un songe de la nuit,
Qui, trompant notre pensée,
A notre réveil s'enfuit. Hélas ! &c.

D. Que vous reste-t-il, avares,
De cet argent, de cet or,
Et de tous ces meubles rares
Qui faisoient votre trésor. Dites-nous, &c.

R. Hélas ! dans cette fournaise
Tous nos biens sont confondus ;
Loin de nous mettre à notre aise,
Ils nous ont enfin perdus. Hélas ! &c.

D. Dites-nous, ames charnelles,
Les douleurs que vous sentez
Pour vos menées criminelles
Et vos sales voluptés. Dites-nous, &c.

R. Ah ! pour des plaisirs infâmes,
Pour des plaisirs d'un moment,
Faut-il au milieu des flammes
Brûler éternellement ? Hélas ! &c.

D. Et vous, mondains, par vos danses,
Par vos divertissements,
Vos jeux, vos folles dépenses,
Et vos vains amusements, Dites-nous, &c.

R. Maudites soient nos délices,
Nos ris, nos danses, nos jeux,
Qui sont cause des supplices
Que nous souffrons dans ces feux ! Hélas ! &c.

D. Pécheur, dont la gourmandise
A transgressé tant de fois
De la raison, de l'Eglise,
Et les regles & les loix, Dites-nous, &c.

R. Pour augmenter nos souffrances,
La soif succede à la faim ;
C'est de nos intempérances
La triste & funeste fin. Hélas ! &c.

D. Vous qui, dans les compagnies,

C 3

Par vos difcours médifants
Et vos noires calomnies,
Déchiriez les innocents, Dites-nous, &c.

R. O Dieu ! que la médifance
Dont on veut fe faire honneur,
Caufe une extrême fouffrance
Dans ce lieu rempli d'horreur ! Hélas ! &c.

D. Cœurs irréconciliables,
Inflexibles ennemis,
Par vos haînes implacables,
Où vous êtes-vous réduits ? Dites-nous, &c.

R. Infortunés que nous fommes,
Pour n'avoir point pardonné,
Le jufte vengeur des hommes
Nous a pour toujours damnés. Hélas ! &c.

D. Jureurs qui, d'ingratitude
Payant votre bienfaiteur,
Tous les jours, par habitude,
Blafphémiez le Créateur, Dites-nous, &c.

R. Ah ! notre langue coupable
Sent la vengeance de Dieu ;
Nous nommions toujours le diable,
Nous le trouvons en ce lieu. Hélas ! &c.

D. Vous qui, tous les jours oifeufes,
Ne vous occupiez à rien,
Ames lâches & pareffeufes,
Qui n'avez fait aucun bien, Dites-nous, &c.

R. Oifiveté déteftable,
O temps perdu pour jamais !
Que ta perte irréparable
Nous caufe ici de regrets ! Hélas, &c.

D. Enfants fans obéiffance,
Sans refpect & fans amour,
Qui traitiez fans déférence
Ceux dont vous teniez le jour, Dites-nous, &c.

R. Pour n'avoir pas voulu rendre
Le refpect à nos parents,
Qui pourra jamais comprendre

La grandeur de nos tourments ? Hélas ! &c.

D. Et vous qui , par négligence ,
Eleviez mal vos enfants ,
Qu'une cruelle indulgence
Perdit dès leurs jeunes ans , Dites-nous , &c.

R. Compagnon de leur mifere ,
Un enfant infortuné
Crie à fon pere , à fa mere :
Maudits ceux qui m'ont damné. Hélas ! &c.

D. Ingrats qui , les jours de fêtes ,
Méprifant l'honneur divin ,
Devenus prefque des bêtes ,
Alliez vous remplir de vin , Dites-nous , &c.

R. Hélas ! notre gourmandife ,
Nos outrages faits à Dieu ,
Meffe , Vêpres qu'on méprife ,
Coûtent bien cher en ce lieu. Hélas ! &c.

D. Vous qui , fous les yeux du maître ,
Travailliez fidelement ,
S'il venoit à difparoître
Le trompiez injuftement , Dites-nous , &c.

R. Un ouvrier infidele
Eft dans l'enfer bien payé ;
Une éternité cruelle
Pour un temps mal employé. Hélas ! &c.

D. Vous qui , par crainte ou par honte ,
Cachiez à vos Confeffeurs
Des péchés dont tenoit compte
Celui qui fonde les cœurs , Dites-nous , &c.

R. Ah ! malheureux que nous fommes.
Nous fentons trop en ce lieu
Qu'en vain on fe cache aux hommes
Quand on eft connu de Dieu. Hélas ! &c.

D. Répondez , pécheurs infâmes ,
Qui , le crime dans le cœur ,
Ofiez préfenter vos ames
A la table du Seigneur , Dites-nous , &c.

R. O fainte & vivante Hoftie !

Hélas ! par un trifte fort ,
Loin de nous donner la vie,
Tu nous as donné la mort. Hélas ! &c.

D. Lâches qui, par complaifance
Pour des amis débauchés,
Chargiez votre confcience
De tant d'énormes péchés, Dites-nous, &c.

R. Trop funeftes compagnies,
Amis, caufe de nos maux,
Ici changés en furies ,
Nous nous fervons de bourreaux. Helas ! &c.

D. Vous, qu'une fauffe efpérance
Faifoit différer toujours,
Pour ne faire pénitence
Que fur la fin de vos jours, Dites-nous, &c.

R. Les pleurs , les soupirs , la rage ,
Le défefpoir , les fanglots ,
Sont notre unique partage,
Dans ces terribles cachots. Hélas ! &c.

D. Adieu donc, maudites ames ;
Loin du ciel et loin de Dieu,
Brûlez toujours dans ces flammes ;
Adieu pour jamais , adieu. Hélas ! &c.

R. Pour jamais ! eft-il poffible?
Jamais, que ce terme eft long !
Notre ame à ce mot terrible
S'épouvante & fe confond.
Hélas ! hélas !
Mon Dieu, ne nous damnez pas.

VINGTIEME CANTIQUE
Sur le même sujet. Chants 21 & 22.

PAuvres mortels, où eft votre mémoire ?
Vous oubliez qu'il faut bientôt mourir :
Vous ne penfez qu'au monde & à la gloire,
C'eft une fleur qui doit bientôt périr.

Il faut mourir, & vous avez beau faire,
Vous y viendrez, peut-être dès demain !
Penfez-y donc, c'eft votre unique affaire ;

Il faut mourir rien n'eſt plus certain.

Il faut mourir ! à ces mots je friſſonne :
Que deviendra mon ame après ma mort ?
Parents, amis, un chacun l'abandonne,
Dieu ſeul alors décide de ſon ſort.

Penſez encore en quel état horrible,
Vous reſterez après votre trépas ;
Un corps affreux, un cadavre inſenſible,
Voilà le fruit de tant de vains appas !

Du jugement la mort ſera ſuivie :
Terrible & prompt, mais juſte jugement :
Malheur, hélas ! à celui dont la vie
Se trouvera coupable en ce moment.

Car auſſi-tôt la céleſte vengeance
Sous le pécheur ouvrira les enfers :
C'eſt-là que Dieu, ſans aucune indulgence,
Le punira par cent tourments divers.

Ah ! c'en eſt fait, la mort me fera vivre
En bon Chrétien le reſte de mes jours ;
Une autre vie après la mort doit ſuivre ;
Je veux tâcher d'y régner pour toujours.

VINGT-UNIEME CANTIQUE.
Chants 21 & 22.

D'Un Dieu ſouffrant conſidérez les peines,
Vous qui paſſez par ces funebres lieux,
De tous côtés le ſang ſort de ſes veines,
Pécheurs ingrats, jettez ici les yeux.

Fut-il jamais un ſi cruel martyre ?
Meurtri de coups, quel ſpectacle d'horreur !
Pour notre amour ſur la croix il expire,
Eſt-il douleur ſemblable à ſa douleur ?

Perfide cœur, quel parti dois-tu ſuivre ?
Jeſus ſouffre tout ce qu'il peut ſouffrir ;
Ah ! s'il ne meurt, ingrat, tu ne peux vivre ;
Mais le voyant, peux-tu ne pas mourir ?

O mon Sauveur, que votre amour s'oublie,
Pour me ſauver, vous expirez pour moi !
Faut-il, hélas ! pour me donner la vie,

Que de la mort vous subissiez la loi ?

Ah ! quand je pense à cet amour extrême ,
Quand je vous vois affronter le trépas,
Ah ! c'en est trop, ô mon Dieu ! je vous aime,
Mes pleurs Seigneur, ne le disent-ils pas ?

VINGT-DEUXIEME CANTIQUE.
Pour le saint temps de Carême.
Chants 17 & 18.

PEndant le saint temps de Carême
Imitons Jesus notre Epoux ;
Faisons ce qu'il a fait lui-même,
Souffrons comme il a fait pour nous.

Durant toute la quarantaine
Il a jeûné pour notre amour ;
Hélas ! nous avons tant de peine
A jeûner pour lui un seul jour !

Puisque les fruits de pénitence
Appaisent son juste courroux,
Jeûnons, pratiquons l'abstinence,
Pleurons, prions, corrigeons-nous.

Mon Dieu, qu'un temps si salutaire
Se trouve souvent mal passé !
Loin de calmer votre colere,
Vous y êtes plus offensé.

La véritable pénitence,
C'est renoncer à tout péché.
C'est retrancher de sa dépense,
Et fuir ce qu'on avoit cherché.

C'est-à-dire, il faut que l'on aime,
Ce qui déplaisoit autrefois,
Et qu'on sente un desir extrême
De suivre Jesus à la Croix.

Portons cette Croix en silence,
Souffrons nos maux patiemment ;
C'est la meilleure pénitence,
Pratiquons-la fidelement.

VINGT-TROISIEME CANTIQUE.
Exhortation au Pécheur. Chant. 12.

C'Eſt trop long-temps être rebelle
A la voix de ſon ſouverain ;
Aujourd'hui ce Dieu nous appelle ,
Ah ! que ce ne ſoit plus en vain ;
    Il en eſt temps , pécheur,
    Revenez au Seigneur.

    Pour un plaiſir ſi peu durable
Qu'on goûte dans l'iniquité ,
Faut-il que ce maître adorable
De votre cœur ſoit rejetté ? Il en eſt **temps, &c.**

    C'eſt ſa bonté qui vous fit naître ,
Seul il mérite votre amour ;
N'avez-vous de lui reçu l'être
Que pour l'outrager chaque jour ?
Il en eſt temps , &c.

    Quelle plus noire ingratitude !
Pleurez-là donc amérement ;
Du péché rompez l'habitude ,
Faut-il héſiter un moment ? Il en eſt **temps , &c.**

    Si vous ſuivez toujours du crime
Les vains & dangereux appas
Songez-vous que c'eſt un abyme
Qui ſe prépare ſous vos pas ?
Il en eſt temps , &c.

    Dans une paix qui vous abuſe
Vous paſſez vos jours malheureux ;
Du démon la perfide ruſe
Vous cache votre état affreux.
Il en eſt temps , &c.

    Dans cette triſte léthargie,
Savez-vous quel eſt votre ſort ?
Hélas ! vous ſemblez plein de vie,
Et devant Dieu vous êtes mort ! Il en eſt, &c.

    Si d'une mort prompte, imprévue,
Vous recevez le coup fatal ,
C'en eſt fait votre ame eſt perdue,

Et vous aimez encore le mal! Il en est **temps, &c.**

Quoi donc toujours être insensible
Au péril de l'éternité!
Non, il n'est rien de plus horrible
Que votre insensibilité.
Il en est temps, &c.

Que votre état est lamentable,
Ah! cessez de vous obstiner;
C'est ici l'heure favorable
Où Dieu cherche à vous ramener.
Il en est temps, &c.

Gémissant sur votre misere,
Touché, confus de vos forfaits,
Recourez à ce tendre pere,
Et n'aimez que lui désormais.
Il en est temps, &c.

VINGT-QUATRIEME CANTIQUE.
Sur le même sujet. Chants 21 & 22.

REviens, pécheur, c'est ton Dieu qui t'appelle,
Viens au plutôt te ranger sous sa loi:
Tu n'as été déjà que trop rebelle,
Reviens à lui, puisqu'il revient à toi.

Dans tes erreurs ma voix se fait entendre;
Sans me lasser, par-tout je te poursuis;
D'un Dieu, d'un roi, d'un pere le plus tendre,
J'ai les attraits, ingrat, & tu me fuis!

Attraits, frayeur, remords, secret langage,
Qu'ai-je oublié dans mon amour constant?
Ai-je pour toi pu faire davantage?
Ai-je pour toi dû même en faire tant?

Je suis bon, faut-il que tu m'offenses?
Ton mauvais cœur s'en prévaut chaque jour:
Plus de rigueur vaincroit tes résistances,
Tu m'aimerois si j'avois moins d'amour.

Ta courte vie est un songe qui passe,
Et de ta mort le jour est très-certain.
Ce Dieu si bon qui te promet sa grace
Ne te promit jamais de lendemain.

Marche au grand jour où j'offre ma lumiere,
A fa faveur tu peux faire le bien :
La nuit bientôt commence fa carriere,
Funefte nuit où l'on ne peut plus rien !

Le ciel doit-il te combler de délices
En décidant de ton fort au trépas ?
Ou bien l'enfer t'accabler de fupplices ?
C'eft l'un des deux, & tu n'y penfes pas !

VINGT-CINQUIEME CANTIQUE.

Le pécheur répond à Dieu. Chants 21 & 22.

VOICI, Seigneur, cette brebis errante,
    Que vous daignez chercher depuis long-
        temps ;
Touché, confus d'une fi grande attente,
Sans plus tarder, je reviens, je me rends.

Errant, perdu, je cherche un afyle,
Je m'efforçois de vivre fans effroi :
Hélas ! Seigneur pouvois-je être tranquille
Si loin de vous, & vous fi loin de moi ?

Je reconnois ma conduite infenfée,
Contre le Ciel, contre vous j'ai péché ;
Détournez-en la vue & la penfée,
Et ne voyez en moi qu'un cœur touché.

Que je redoute un Juge, un Dieu févere,
J'ai prodigué des biens qui font fans prix :
Comment ofer vous appeller mon pere ?
Comment ofer me dire votre fils ?

Enfin, Seigneur, je fens mon injuftice,
Pardonnez-moi ce long égarement :
Il me déplaît, je m'en fais un fupplice,
Et pour vous feul j'en pleure amérement.

VINGT-SIXIEME CANTIQUE.

*Sentiments d'un pécheur effrayé à la vue de fes
    crimes & de la juftice de Dieu.* Chant 23.

VOUS qui voyez couler mes larmes,
    Divin Jesus, calmez votre courroux ;
Seigneur, finiffez mes alarmes,
Je n'ai point (*bis*) d'autre efpoir qu'en vous.

Je suis ingrat, je suis coupable,
J'ai mérité toute votre-rigueur :
J'ai pu, Rédempteur adorable :
Vous bannir (*bis*) de mon lâche cœur.
Si vous suivez votre justice,
Je dois périr, mon malheur est certain :
Déjà j'entrevois mon supplice,
Ah ! Seigneur, (*bis*) tendez-moi la main.
Par ma douleur vive et sincere,
Votre courroux est enfin désarmé ;
Mes pleurs attendrissent mon pere,
Et je vois (*bis*) que j'en suis aimé.
Vous acceptez ma pénitence,
Divin Sauveur, vous deviez me punir :
Voyez ma douleur qui commence,
C'est la mort (*bis*) qui doit la finir.

VINGT-SEPTIEME CANTIQUE.

Résolution d'un pécheur pénitent. Chant 23.

OBJET de ma nouvelle flamme,
Divin amant, trop long-temps négligé :
Jesus, je vous donne mon ame,
C'en est fait (*bis*), mon cœur est changé.
Retire-toi, démon barbare,
Sors de mon cœur, pour rentrer aux enfers ;
Pour moi le Seigneur se déclare,
Et sa main (*bis*) brise tous mes fers.
De mon repôs, fiere ennemie,
Coupable chair, tu me flattes en vain :
Faut-il qu'il m'en coûte la vie,
Pour le prix (*bis*) d'un plaisir si vain ?
Adieu, fatales créatures,
Sortez d'un cœur qui sait vous méprifer ;
Helas ! que vos chaînes sont dures !
C'en est fait (*bis*) je veux les briser ;
Si je languis, si je soupire,
Dieu de mon cœur, ce n'est plus que pour vous.
Vous seul devez bien me suffire ;
Ce seul bien (*bis*) me tient lieu de tous.

Soyez fenfible à ma mifere ;
Voyez mes pleurs, rien ne peut les tarir :
Ah ! vous êtes encore mon pere ;
Ma douleur (*bis*) doit vous attendrir.
N'exercez pas votre juftice,
Je ne faurois y penfer fans effroi ;
J'ai trop mérité mon fupplice,
Et l'enfer (*bis*) eft trop peu pour moi.
Suivez plutôt votre clémence,
Permettez-moi d'implorer votre fecours,
Elle eft mon unique efpérance,
Et toujours (*bis*) j'y aurai recours.
Ah ! quel amour, quelle tendreffe !
Vous m'exaucez, le pardon m'eft promis :
Pour moi votre cœur s'intéreffe,
Mes péchés (*bis*) yont m'être remis.
Que cet arrêt eft favorable !
D'un feul regard le coupable eft abfous ;
Seigneur, que vous êtes aimable !
Puis-je avoir (*bis*) trop d'amour pour vous ?

VINGT-HUITIEME CANTIQUE.

Pour le Dimanche & temps de la Paffion.
Sur le triomphe de la croix. Chant 5.

VIVE Jefus, vive fa Croix,
O qu'il eft jufte que je l'aime,
Puifqu'en expirant fur ce bois,
Il nous aima plus que foi-même :
Difons donc tous à haute voix,
Vive Jefus, vive fa Croix,

Vive Jefus, vive fa Croix,
Car Jefus l'ayant époufée,
Elle n'eft plus, comme autrefois,
Objet d'horreur & de rifée :
Difons donc tous, &c.

Vive Jefus, vive fa Croix,
Où notre fauveur débonnaire,
Par fes langueurs & abois,
Satisfit pour nous à fon Pere :

Difons donc tous , &c.

Vive Jefus , vive fa Croix ,
La chaire de fon éloquence ,
Où me prêchant ce que je crois ,
Lui feul m'inftruit par fon filence :
Difons donc tous , &c.

Vive Jefus , vive fa Croix ,
Où Jefus par un foin très-fage ,
Se dépouillant de tous fes droits ,
S'acquiert un illuftre héritage :
Difons donc tous , &c.

Vive Jefus , vive fa Croix ,
Puifqu'elle nous eft fi féconde ,
Que par la mort du Roi des Rois ,
Elle donne la vie au monde :
Difons donc tous , &c.

Vive Jefus , vive fa Croix ,
Arbre dont le fruit falutaire
Répare le mal qu'autrefois
Nous fit celui du premier pere :
Difons donc tous , &c.

Vive Jefus , vive fa Croix ,
Ce n'eft point le bois que j'adore ,
Mais c'eft le Sauveur en ce bois
Que je refpecte & que j'honore :
Difons donc tous à haute voix ,
Vive Jefus , vive fa Croix.

VINGT-NEUVIEME CANTIQUE.

Sur le triomphe de la Croix. Chant 6.

CÉLÉBRONS la victoire
D'un Dieu mort fur la Croix ;
Et pour chanter fa gloire ,
Réuniffons nos voix.
De fon amour extrême
Cédons aux traits vainqueurs ,
Pour le Dieu qui nous aime
Réuniffons nos cœurs.

Sa croix , heureux fymbole

De son amour pour nous,
Jadis du Capitole
Chassa les Dieux jaloux :
Alors dans l'esclavage,
L'homme à d'infames Dieux
Payoit, par son hommage,
Le droit d'être comme eux.

   Le Dieu seul adorable,
Seul digne de nos chants,
Seul de l'homme coupable
Ne reçoit point d'encens......
Seigneur, que ton tonnerre
Fasse entendre ta voix,
Et force enfin la terre
A respecter tes lois.

   Mais ton cœur qui s'oppose
A tes foudres vengeurs,
Par l'amour se propose
De conquérir les cœurs :
Pour expier nos crimes
Notre sang est trop peu ;
Il faut d'autres victimes
Pour désarmer un Dieu.

   Son Fils, Verbe adorable,
Doit tomber sous ses coups,
Son sang seul est capable
De calmer son courroux ;
Pour ma grace il soupire,
Il l'exige en mourant ;
Sur la croix il expire,
Et l'univers se rend.

   Tel qu'après les orages
Le soleil radieux,
Dissipant les nuages,
Rend leur éclat aux cieux ;
Tel le Dieu que j'adore,
Trop long-temps ignoré,
Du couchant à l'aurore,
Voit son nom adoré.

D

La croix, heureux asyle
De l'univers soumis,
Brave l'orgueil stérile
De ses fiers ennemis ;
On s'empresse à lui rendre
Des hommages parfaits ;
Sa gloire va s'étendre
Autant que ses bienfaits.

Quel éclat l'environne !
Elle voit à ses pieds
Le Sceptre & la Couronne
Des Rois humiliés :
Rome cherche à lui plaire,
Tout suit ses étendards,
Et le Dieu du Calvaire
Est le Dieu des Césars.

Ce Dieu seul est aimable,
Cédons à ses attraits ;
D'un amour immuable
Payons tous ses bienfaits ;
Célébrons la victoire
D'un Dieu mort sur la Croix ;
Et pour chanter sa gloire
Réunissons nos voix.

Portons-lui nos offrandes,
Et parons son Autel
De fleurs & de guirlandes
Dignes de l'immortel :
De son amour extrême
Cédons aux traits vainqueurs ;
Pour le Dieu qui nous aime
Réunissons nos cœurs.

Que le Ciel applaudisse
A nos chants pleins d'amour,
Et que l'enfer frémisse
Du bonheur de ce jour.
Chantons tous la victoire
Du vainqueur des vainqueurs ;
Consacrons à sa gloire

Et nos vœux & nos cœurs.

TRENTIEME CANTIQUE.

Réflexion amoureuse au pied de la Croix. Ch. 3.

QUel miracle d'amour je vois devant mes yeux!
C'est pour moi que Jesus soupire,
C'est pour moi qu'il souffre en ces lieux ;
C'est enfin pour moi qu'il expire.

Cet Agneau tout sanglant en croix est attaché,
Il veut pour moi calmer son Pere ;
Et prenant sur lui mon péché,
Il expire sous sa colere.

Tendre amour, je ne puis me plaindre de mon sort,
Ah ! que mon ame en est ravie !
A mon Dieu tu donnes la mort,
Mais sa mort m'a rendu la vie.

C'est par toi, c'est pour moi que son sang a
coulé ;
Je dois l'aimer autant qu'il m'aime :
C'est pour moi qu'il s'est immolé ;
Ah ! je veux m'immoler de même,

Soupirons à jamais, pleurons ce triste sort ;
Puisqu'un Dieu meurt, cessons de vivre,
C'est pour nous qu'il cherche la mort,
Au tombeau nous devons le suivre.

Mais pourqu i déplorer sa mort en ce grand jour?
Nous devons la pleurer sans cesse ;
Répandons des larmes d'amour,
Et non pas des pleurs de tristesse.

C'est pour nous trop aimer qu'il souffre le trépas,
Aimons sans cesse un Dieu si tendre !
Ah ! pourquoi ne nous rendre pas
Quand son sang nous dit de nous rendre ?

Que chacun, en l'aimant, expire sur la Croix,
Qu'on prenne part à son supplice ;
Ses soupirs, sa mourante voix
Nous demandent ce sacrifice.

Dieu charmant, vous vivez & vous mourez pour
nous, D 2

C'eſt un exemple qu'il faut ſuivre :
Il nous dit aſſez que pour vous
Nous devons & mourir & vivre.

TRENTE-UNIEME CANTIQUE.

Hiſtoire de la Paſſion du Sauveur. Chant 26.

JESUS AU JARDIN.

CONTEMPLONS du Sauveur la cruelle agonie :
Proſterné contre terre, accablé de douleur,
Il va donner ſon ſang pour nous rendre la vie.
Quoi ! pourrons-nous, ingrats, lui refuſer nos
　　cœurs ?

JESUS PRIS ET MOQUÉ.

On le traîne, on le frappe, on lui crache au
　　viſage ;
Tous les Juifs à l'envi courent pour l'outrager :
Il n'avoit qu'à parler pour confondre leur rage ;
Il ſe tait, il pardonne, & je veux me venger !

JESUS FLAGELLÉ.

On flagelle Jeſus, ce ſpectacle m'effraie ;
Il en eſt accablé, ſes tourments font horreur :
Ses os ſont découverts, ſon corps n'eſt qu'une
　　plaie :
S'il ſouffre tant de maux, que doit faire un pécheur ?

JESUS PORTANT SA CROIX.

Chargé d'un bois peſant, il ſe traîne au Calvaire ;
Voyez-le ſuccomber ſous cet énorme poids !
On l'aide : je comprends ce conſolant myſtere,
Jeſus veut qu'avec lui chacun porte ſa croix.

JESUS CRUCIFIÉ.

On l'attache à la croix, ſpectacle lamentable !
Il va perdre la vie au milieu des voleurs :
Si le ciel traite ainſi l'innocent impeccable,
Hélas ! que deviendront ceux qui meurent pé-
　　cheurs ?

JESUS EXPIRANT.

C'en eſt fait, il expire. A ce ſpectacle horrible
La nature s'émeut, tout ſe laiſſe toucher :
Seul à ce triſte objet pourrois-je être inſenſible,
Serois-je donc plus dur que le plus dur rocher ?

JESUS ENSÉVELI.

Dans l'horreur du tombeau J. vient de defcendre ;
Sa mort eft mon ouvrage & devient mon appui :
Par cet excès d'amour ne dois-je pas comprendre
Que s'il eft mort pour moi, je dois vivre pour lui ?

On pourra chanter un de ces Cantiques aux
Fêtes de la fainte Croix.

POUR LE S. JOUR DE PASQUE,
ET PENDANT L'OCTAVE.
TRENTE-DEUXIEME CANTIQUE.
Chants 15 & 45.

Poussons mille cris d'allégreffe,
   Jefus eft forti du tombeau :
O vous, à qui fa mort caufa tant de trifteffe,
Regardez-le brillant comme un aftre nouveau.
      Pouffons , &c.

      Après avoir donné fa vie
      Pour vous marquer fa charité ,
Il falloit que fon ame, à fon corps réunie,
Le tirât du fépulcre éclatant de beauté.
      Après avoir, &c.

      O Juifs, fes cruels homicides ,
      Vous le crûtes mort fans retour ;
Mais il a renverfé tous vos deffeins perfides :
Reconnoiffez enfin fa puiffance en ce jour.
      O Juifs, &c.

      O mort , montre donc ta victoire !
      Que font devenus tous tes traits ?
Te voilà fans pouvoir devant le roi de gloire,
Il fort d'entre tes bras, il en fort pour jamais.
      O mort, &c.

      Jour faint, à jamais mémorable,
      Grand jour que le Seigneur a fait !
L'on ne voit en Jefus qu'un vainqueur redoutable,
Sur la mort, fur fatan, fon triomphe eft parfait.
      Jour faint, &c.

      Mortels , foyons pleins d'efpérance,
      Voyant Jefus reffufcité ;
Il nous promet au ciel une ample récompenfe ;

Mais où eſt pour ſes lois notre fidélité !

 Mortels , &c.

  Un jour la trompette éclatante
  Fera raſſembler les humains :
Heureux alors celui dont la vie innocente
Lui fera mériter la couronne des Saints !

  Un jour , &c.

  O vous , qui vivez dans les larmes,
  Cherchez en Dieu ſeul votre appui :
Vous verrez terminer vos peines , vos alarmes ;
Qui ſouffre avec Jeſus , doit régner avec lui.

  O vous , &c.

  Pécheurs, qui n'aimez que le crime,
  Hélas ! quel plus funeſte ſort !
Qu'un ſincere regret en ce jour vous anime :
Sortez enfin , ſortez de votre état de mort.

  Pécheurs , &c.

  Sur nous , Rédempteur adorable ,
  Verſez vos céleſtes faveurs ;
Que dans nous il ſe faſſe un changement durable ;
Que du mal pour toujours nous devenions vain-
  queurs. Sur nous , &c.

TRENTE-TROISIEME CANTIQUE.
Chant 27.

AH ! que le ciel à nos vœux eſt propice !
 Après un ſanglant ſacrifice,
Le fils de l'Eternel, par un divin effort,
Sort du tombeau , triomphe de la mort.
 L'affreuſe mort , à ſes ordres fidelle,
  Frappa ſa nature mortelle ;
Mais le troiſieme jour il eſt reſſuſcité
 Tout éclatant de ſa divinité.
 Il eſt vainqueur ; j'apperçois Madeleine
  Qui ſuit le tranſport qui l'entraîne ;
Les gardes qu'on a mis autour de ſon tombeau
L'ont vu briller comme un ſoleil nouveau.
 Ah ! que ſon amour eſt extrême !
  Il a ſurmonté la mort même !
Après avoir tiré tous les mortels des fers,

Il a brifé les portes des enfers,
Pour achever la defaite du crime,
Il va le chercher dans l'abime ;
Des peres gémiffants il étoit attendu :
L'heureux repos lui est enfin rendu.
L'affreux Tyran de l'empire des ombres
Frémit dans les creux les plus fombres ;
Les plus cruels tranfports s'emparent de fon cœur,
Dans les enfers il trouve un Dieu vainqueur.
O jour heureux ! jour rempli d'allégréffe !
O jour que l'on chante fans ceffe !
O le plus beau des jours ! O jour le plus parfait !
O jour enfin que le Seigneur a fait !

TRENTE-QUATRIEME CANTIQUE.

Pour une retraite de prem. Communion. Ch. 50.

QUE la retraite
Renferme de douceur !
Qui la rejette
Refufe fon bonheur.
Si pour quelque moment Dieu s'y donnoit à nous,
Notre ame fatisfaire,
Diroit : Rien n'eft fi doux
Que la retraite.
Point de trifteffe
Dans ces aimables lieux,
Dieu s'intéreffe
A nous y rendre heureux :
Le monde cependant nous enchante & nous plaît,
Mais lui, quand il careffe,
Peut-il faire qu'on n'ait
Point de trifteffe ?
La folitude
A fon défagrément ;
Il eft bien rude
De mourir tout vivant.
Mais où vit-on fans bruit ? où meurt-on fans regret
Et fans inquiétude ?
Qui donne ce fecret ?

La folitude.

Quel avantage !
Quel bien n'y trouve pas
Un homme fage ,
Dont Dieu conduit les pas ?
C'eft là que fans témoins il aime à déteſter
Des péchés qu'un jeune âge
Sut trop fe pardonner :
Quel avantage !
De l'indigence
Il fe plaint rarement ;
La pénitence
Le nourrit aifément ;
Dans l'extrême befoin il eft toujours content ;
Sûr de la Providence,
Il ne craint point le temps
De l'indigence.
Ce qui l'attire
Ne charme guere un cœur
Qui ne refpire
Qu'un air doux & flatteur ;
Mais, fi l'on pouvoit voir fa paix , fon repos,
Comme on voit fon martyre,
On comprendroit bientôt
Ce qui l'attire.
Dans le grand monde,
Trouve-t-on quelquefois
La paix profonde
Qui regne dans les bois ?
La trifteffe , l'ennui, le trouble & le chagrin,
L'inconftance de l'onde,
Le plus heureux s'en plaint
Dans le grand monde.

TRENTE-CINQUIEME CANTIQUE.
Pour la premiere Communion. Ch. 15.

O Bonheur ineffable !
Le fouverain des Rois
Nous admet à fa table
Pour la premiere fois :   Chantons

Chantons, chantons sans cesse
    Ce Dieu d'amour,
Qui jusqu'à nous s'abaisse
    Dans ce grand jour.
    O jour par excellence,
Que le Seigneur a fait !
Où sa magnificence
S'épuise en ce bienfait ;
Objet de mon attente,
    De mes soupirs,
Toi seul remplis, contentes
    Tous mes desirs.

    Ah ! celui que les Anges
Adorent dans les cieux,
Celui dont les louanges
Se publient en tous lieux,
Oubliant & notre âge
    Et sa grandeur,
Veut recevoir l'hommage
    De notre cœur.

    Il veut, ce Dieu suprême
Ce Dieu plein de bonté,
Nous donner son corps même
Et sa divinité ;
Et fixant dans nos ames
    Son vrai séjour,
Nous embrâser des flammes
    De son amour.

    Venez, vrai Pain de vie,
Source du vrai bonheur ;
Venez, tout vous convie,
Reposer en mon cœur :
Il vient ce bien suprême,
    Il est en moi ;
Ah ! quel amour extrême,
    Mon divin Roi !

    Sainteté par essence,
Souveraine grandeur,

Votre feule préfence
Nous faifit de frayeur :
Ah ! de notre jeuneffe,
    Dieu de bonté,
Soutenez la foibleffe,
    L'infirmité.

Sanctifiez vous-même
Nos ames, Dieu Sauveur,
Notre foibleffe extrême
Doit toucher votre cœur ;
Effacez de l'énfance
    Tous les délits,
Ses fautes d'ignorance
    Et fes oublis.

Vous voyez de notre âge,
O Dieu ! tout le danger ;
D'un injufte partage
Daignez nous préferver :
Sous votre feul empire
    Et fous vos lois,
Que je vive & j'expire,
    O Roi des Rois !

TRENTE-SIXIEME CANTIQUE.
Sentiments d'une ame pénitente. Chant 43.

EST-CE affez du temps qui me refte
Pour pleurer mes folles erreurs ?
Coupables plaifirs, je détefte
    Vos douceurs ;
Vous êtes la caufe funefte
    De mes pleurs.

Si je languis, fi je foupire,
Seigneur, ce n'eft plus que pour vous ;
Reprenez fur moi votre empire,
    Dieu jaloux,
Et n'exigez pas que j'expire
    Sous vos coups.

Témoin de mon regret fincere,
Calmez votre jufte fureur ;

Hélas! si vous êtes mon pere,
Ma douleur
Doit attendrir sur ma misere
Votre cœur.
Si vous envisagez mon crime,
Je suis sans espoir, je péris ;
Votre vengeance est légitime,
J'y souscris :
Mais je vous offre pour victime
Votre Fils.
Qu'il désarme votre justice,
Vous connoissez, Dieu vengeur,
De son auguste Sacrifice
La valeur :
Tirerez-vous de mon supplice
Plus d'honneur ?

TRENTE-SEPTIEME CANTIQUE.
Avant la Communion. Chant 23.

O Sublime ! ô profond mystere !
Le Fils de Dieu, par un excès d'amour,
Toujours dans le sein de son pere,
En descend (*bis.*) pour nous chaque jour.
Au ciel il est la nourriture
Et le vrai pain des esprits bienheureux ;
Il veut encore de l'ame pure
Ici-bas (*bis.*) combler tous les vœux.
Grand Dieu, votre seule présence
Répand par-tout la terreur et l'effroi,
Et sans égard à mon offense,
Vous voulez (*bis.*) vous donner à moi.
Pleurez, mes yeux, pleurez mon crime,
Que tout en moi en témoigne ma douleur ;
Et vous, adorable victime,
Préparez (*bis.*) vous-même mon cœur.
Je crois, Seigneur, qu'en ce mystere,
Par pur amour vous vous donnez à moi ;
Je crois, j'adore & je révere,
Mais, Seigneur, (*bis.*) augmentez ma foi.

O Dieu, mon unique efpérance,
Dieu tout charmant, délices de mon cœur,
Venez, & par votre préfence,
Vous ferez (*bis.*) mon parfait bonheur.
Ah! quel amour! qu'il eft extrême!
Divin Jefus, vous vous donnez à nous!
Ah! je veux aujourd'hui moi-même
Pour toujours (*bis.*) me donner à vous.

TRENTE-HUITIEME CANTIQUE.

Après la Communion. Chant 3.

JE vous poffede enfin, délices de mon cœur,
Objet charmant, le feul aimable;
Je vous poffede: ah! quel bonheur!
Eft-il un fort plus défirable?
Suprême Majefté! fouveraine Grandeur!
Dieu tout-puiffant, je vous adore,
Régnez à jamais fur mon cœur;
Peut-il vous réfifter encore?
Je ne puis qu'admirer, Seigneur, tous vos
bienfaits!
Quels dons, quelle magnificence!
Ah! comment pourrai-je jamais
Exprimer ma reconnoiffance?
Purs Efprits, c'eft à vous, par vos fublimes
chants,
A lui rendre un fi jufte hommage:
Témoins du bonheur que je fens,
Ce tribut devient votre ouvrage.
Vous êtes dans mon cœur, ô fource de tout
bien!
Vous voyez ma mifere extrême,
Soyez ma force & mon foutien;
Défendez-moi contre moi-même.
Que ne puis-je en ce jour, adorable Sauveur,
De tous les biens vous faire hommage!
Mais, hélas! je n'ai que mon cœur,
Je vous le donne fans partage.

TRENTE-NEUVIEME CANTIQUE.

Sur le renouvellement des promeſſes du Baptême.

Chant 42.

J'ENGAGEAI ma promeſſe au Baptême ;
Mais pour moi d'autres firent ferment ;
Dans ce jour je vais parler moi-même,
Je m'engage aujourd'hui librement.

Je crois donc à Dieu en trois perſonnes,
De mon ſang je ſignerois ma foi ;
Foible eſprit, vainement tu raiſonnes,
Je m'engage à le croire, & je crois.

A la foi de ce premier myſtere
Je joindrai la foi d'un Dieu Sauveur:
Sous les lois de l'Egliſe ma mere,
Je m'engage & d'eſprit & de cœur.

Sur ces Fonts, dans cette eau ſalutaire,
Pour enfant Dieu daigna m'adopter,
Si j'en ai ſouillé le caractere,
Je m'engage à le mieux reſpecter.

Je renonce aux pompes de ce monde,
A la chair, à tous ſes vains attraits ;
Loin de moi, Satan, eſprit immonde,
Je m'engage à te fuir pour jamais.

Faux plaiſirs, ſource infâme de vices,
Trop long-temps vous eûtes mon amour ;
Je renonce à vos fauſſes délices ;
Je m'engage à Dieu ſeul ſans retour.

Oui, mon Dieu, votre ſeul Evangile
Réglera mon eſprit & mes mœurs ;
Duſſiez-vous en frémir, chair fragile,
Je m'engage à toutes ſes rigueurs.

Ah ! Seigneur, qui ſait bien vous connoître
Sent bientôt que votre joug eſt doux ;
C'en eſt fait, je n'ai plus d'autre maître,
Je m'engage à ne ſervir que vous.

Sur vos pas, ô mon divin modele !
Plus heureux qu'à la ſuite des Rois,
Plein d'horreur pour ce monde infidele,

E 3

Je m'engage à porter votre croix.

Si le ciel d'un moment de fouffrance
Doit, Seigneur, être le prix un jour,
Animé par cette récompenfe
Je m'engage à tout pour votre amour.

Puifqu'enfin dans le ciel, ma patrie,
De mes biens vous ferez le plus doux,
Dès ce jour, & pour toute ma vie,
Je m'engage & je fuis tout à vous.

QUARANTIEME CANTIQUE.
Renouvellement des promeſſes du Baptême.
Chants 21 & 22.

JE viens, ô mon Dieu ! ratifier moi-même
Ce que pour moi l'on a fait autrefois ;
Les vœux facrés pour moi faits au Baptême,
Je veux les rendre en ce jour de mon choix.

Je te renonce, ô prince tyrannique !
Cruel Satan, injufte ufurpateur ;
Je te détefte, & mon defir unique
Eft d'obéir aux lois du Créateur.

A tes defirs je ne veux pas me rendre,
Pour m'y porter tes foins font fuperflus ;
Tu n'as jamais fur moi rien à prétendre,
Retire-toi, je ne t'appartiens plus.

Je te renonce, ô péché déteftable !
Poifon mortel, malgré tous tes attraits :
Oui, pour te rendre à mon cœur haïffable,
Il me fuffit qu'à mon Dieu tu déplais.

Envie, orgueil, gourmandife, avarice,
O vice impur, pareffe, emportement,
Quel que tu fois enfin, malheureux vice,
De t'éviter, à Dieu je fais ferment.

Plutôt mourir, monde impur, que de vivre
Selon tes lois & tes perverfes mœurs ;
Ce que toujours mon ame prétend fuivre,
C'eft l'Evangile & fes douces rigueurs.

Je vous renonce, ô maximes mondaines,
Loin de mon cœur, ô monde & ton efprit ;

Avec horreur je vois tes pompes vaines,
Et je m'attache à fuivre Jefus-Chrift.

De tout mon cœur, mon Dieu, je renouvelle
Ces vœux facrés, je les fais pour toujours,
Et je prétends être toujours fidele
A les garder avec votre fecours.

Vous m'avez mis au rang ineftimable
De vos enfants, ô Pere tout-puiffant !
Je veux pour vous, Pere tout aimable,
Avoir la crainte & l'amour d'un enfant.

Divin Jefus, je promets de vous fuivre,
D'être à vous feul je me fais une loi ;
Non, ce n'eft plus pour moi que je veux vivre ;
Comme mon chef, vous feul vivrez en moi.

QUARANTE-UNIEME CANTIQUE.

Pour les Dimanches d'après Pâque. Chant 23.

CONSERVEZ-MOI dans l'innocence,
O mon Sauveur ! gardez-moi de périr ;
Ah ! plutôt que je vous offenfe,
O mon Dieu ! (*bis*) faites-moi mourir.
Je veux vivre ici-bas fans vice,
Ou bien mourir dans un âge innocent ;
Il vaut bien mieux que je périffe
Sans péché, (*bis*) que vivre en péchant.
Confervez-moi pur & fans tache,
Soyez, mon Dieu, le maître de mon cœur,
Et que jamais rien ne m'arrache
De vos mains, (*bis*) ô mon doux Sauveur !
Que votre grace me délivre
De tout orgueil & de tous vains defirs ;
Que mon cœur jamais ne fe livre
Aux honneurs, (*bis*) aux biens, aux plaifirs.
Que ni le monde avec fes charmes,
Que le démon avec tous fes appas,
Que le démon avec fes armes,
O mon Dieu ! (*bis*) ne me vainque pas.

QUARANTE-DEUXIEME CANTIQUE,
Chant 3.

GARDEZ dans moi, Seigneur, l'ineſtimable don
Et le tréſor de la juſtice ;
   Empêchez que ni le démon
   Ni le monde ne me les raviſſe.

Fortifiez mon cœur contre les paſſions
   Qui s'élevent dans la jeuneſſe ;
   Réglez mes inclinations
   Sur votre éternelle ſageſſe.

Que de cette ſageſſe un céleſte rayon
   Sur mon eſprit vienne reluire,
   Dans ce foible âge où la raiſon
   Souvent ne luit que pour ſéduire.

Qu'un ſouffle bienfaiſant éteigne en moi, Seigneur,
   Le feu ſecret qui me conſume ;
   Que par ce ſouffle dans mon cœur
   Le feu de votre amour s'allume.

Tenez-moi par la main, Seigneur, ſur le penchant
   De l'abyme & du précipice,
   Au bord du rapide torrent
   Qui, dans cet âge, entraîne au vice.

Que d'écueils, où cet âge, ô mon Dieu, peut périr !
   Que de tempêtes ! que d'orages !
   Ah ! que de dangers à courir !
   Et ſans vous que d'affreux naufrages !

Dans mon cœur encore tendre, ah! de grace, gravez
   Et votre amour et votre crainte :
   Au fond de ce cœur écrivez
   De votre doigt votre loi ſainte.

Que cette ſainte loi faſſe tous mes plaiſirs,
   De cette loi que je m'inſtruiſe ;
   Qu'elle regle tous mes deſirs,
   Que par elle je me conduiſe.

Que je n'attende pas à vous donner mon cœur
   Après l'avoir ouvert aux vices ;
   Mais que de ma vie, ô Seigneur !
   Je vous conſacre les prémices.

QUARANTE-TROISIEME CANTIQUE.
Sur le conflant amour de Dieu. Chant 2.

ON fe nourrit de fes larmes,
Monde jufqu'en tes plaifirs :
Toujours nouvelles alarmes,
Ah! Seigneur, je rends les armes,
Trouvant en vous plus de charmes
Que mon cœur n'a de defirs.

En mon Dieu tout eft capable
De ravir & de charmer ;
C'eft un monarque adorable,
C'eft un époux tout aimable,
Ah! que je fuis miférable
D'avoir vécu fans l'aimer !

En vain le monde fe pare
De fes plus brillants appas :
En vain fes biens il prépare,
Pour jamais je m'en fépare ;
Car un cœur eft trop avare
A qui Dieu ne fuffit pas.

En filence & en retraite,
Seul à feul avec Jefus,
Dans cette union fecrete
Je goûte une joie parfaite ;
Je lui dis, je lui répete :
Mon Dieu, vous feul, & rien de plus.

Je me ris des railleries
Qu'on fait de mon changement ;
Je me ris des compagnies
Qui m'accufent de folies,
Je donnerois mille vies
Pour aimer plus ardemment.

O fragiles créatures !
Mon cœur n'eft pas fait pour vous ;
Il me faut un bien qui dure,
Laiffez-moi, je vous conjure,
Aimer mon Dieu fans mefure,
Goûter combien il eft doux.

Pécherefſe & pénitente,
Où mon cœur eſt-il réduit ?
Je ſuis joyeuſe & ſouffrante,
Je ſuis captive & contente ;
La choſe eſt-elle étonnante ?
C'eſt l'amour qui me conduit.

   Oui, doux Jeſus, je vous aime,
Quoiqu'on en diſe ici-bas ;
Votre grandeur eſt ſuprême,
Et votre amour eſt extrême ;
Je blâme & dis anathême
A qui ne vous aime pas.

   Que ne voudrois-je pas faire
Pour vous, mon Dieu, mon Sauveur ?
Je voudrois être un tonnerre,
Pour dire à toute la terre
Qu'il n'eſt qu'un ſeul néceſſaire,
Vous aimer de tout ſon cœur.

QUARANTE-QUATRIEME CANTIQUE.
Sur la pureté. Chant 4.

D'un amour extrême
Que Dieu forme en moi lui-même,
Ah ! que ſans ceſſe je t'aime,
   Sainte pureté ;
   O vertu charmante !
   Vertu raviſſante,
   Ta beauté m'enchante,
   J'en ſuis tranſporté.

   Quel bien ineffable,
Dans un corps ſi miſérable,
Par toi l'homme eſt fait ſemblable,
   A de purs eſprits ;
   Par toi de Marie,
   Qui t'a tant chérie,
   Eſt né le Meſſie,
O vertu ſans prix !

   Les biens, la puiſſance,
La plus illuſtre naiſſance,

Rien n'égale en excellence
  La sainte pudeur.
   Tréfor admirable,
   Bien ineftimable,
   Rien n'eft plus durable
  Aux yeux du Seigneur.
    Fuyons donc fans ceffe,
Fuyons tout ce qui la bleffe,
Vous, fur-tout, chere jeuneffe,
   Vivez chaftement :
   Quel trifte naufrage,
   Lorfque dans votre âge,
   Hélas ! on s'engage
   Dans l'égarement !
    Qu'une impure flamme
N'entre jamais dans votre ame,
Que toujours ce vice infâme
   Vous foit en horreur,
   O vice exécrable !
   Vice abominable,
   Poifon déteftable,
   Loin de votre cœur.
    D'un Dieu la préfence,
Le travail, la tempérance,
Du danger la prévoyance,
   Font votre fecours :
   L'ame qui fouhaite
   La pudeur parfaite,
   Cherche la retraite,
   Aimez-la toujours.
    Marquez votre zele
Pour une vertu fi belle ;
Domptez une chair rebelle
   Veillez fur vos fens,
   Fuyez la molleffe ;
   Sa propre foibleffe
   Que chacun connoiffe ;
   Qu'il prie en tout temps.

Dieu plein de clémence,
Gardez en nous l'innocence ;
Aidez par votre puiffance
     Notre infirmité ;
     Que rien ne nous tente,
     Que notre cœur fente
     Une ardeur conftante
     Pour la pureté.

QUARANTE-CINQUIEME CANTIQUE.
Chant 16.

CHANTEZ tous , peuples, chantez
     Le Seigneur fuprême ,
     Ce Dieu qui nous aime ;
Chantez tous , peuples , chantez
     Le Seigneur fuprême ,
     Chantez fes bontés.
Il nous comble de bienfaits,
Et les dons qu'il nous a faits
Ne fauroient être affez exalés.   Chantez, &c.
     Fidele aux promeffes qu'il fait,
On en voit toujours l'infaillible effet ;
   Rien dans fes traités que vérités.
Chantez , &c
     Louons le Dieu de Sion ;
     Que chacun s'uniffe ,
     Que tout le béniffe :
     Louons le Dieu de Sion ,
     Que tout retentiffe
     De fon très-faint nom.
     Révérons tous fes grandeurs,
     Reconnoiffons fes faveurs :
S'il eft grand , il eft aimable & bon.
Louons , &c.
     Ah ! que j'aime fa vérité !
Ses jugements font remplis d'équité :
Qu'on trouve d'attraits dans fes bienfaits !
Louons , &c.
     Pécheurs, que je crains pour vous

Le Dieu du tonnerre,
Juge de la terre,
Pécheurs, que je crains pour **vous**
Ce vengeur févere !
Ah ! je crains fes coups !
    Il veut votre changement,
Il l'attend patiemment.
Eh ! ne craignez-vous point fon courroux ?
Pécheurs, &c.
    Que l'on doit craindre un Dieu vengeur !
Qu'il eft trifte d'éprouver fa fureur !
Changeons fes arrêts par nos regrets :
Pécheurs, &c.
    Fuyez tous, méchants, fuyez :
    Que votre préfence
    M'irrite & m'offenfe !
   Fuyez tous, méchants, fuyez,
    J'aime l'innocence
     Que vous haïffez.
    Qu'apprendre à votre entretien ?
    Vous ignorez le vrai bien :
    Pour moi je hais ce que vous aimez.
     Fuyez, &c.
     Cherchez, cherchez un vain plaifir,
    La vie éternelle eft mon feul defir :
    Que l'on eft content
     En efpérant ! Fuyez, &c.

POUR LE JOUR DE L'ASCENSION
Et le Dimanche fuivant.
QUARANTE-SIXIEME CANTIQUE.
Chant 30.

DIEU m'a fait
Pour l'autre vie ;
Que j'envie
Ce rare bienfait !
Sur la terre
Que puis-je aimer,
Loin d'un Pere

Qui fait tout charmer ?
Dans les larmes,
Les alarmes,
Sous les armes,
Peut-on fe trouver
Bien fatisfait ?
Dieu me preffe,

Je vous laiffe,
C'en eft fait.
 O Seigneur,
Dieu de mon ame,
Que ta flamme
Confume mon cœur.
De pied ferme
J'attends la mort ;
C'eft le terme
D'un malheureux fort.
Fonds ma glace
Que ta grace
Un jour faffe
Que j'arrive au port.
Célefte amour,
Je refpire
Quand j'admire
Ton féjour.
 Je languis
Dans cette terre
Etrangere ;
J'y fens mille ennuis :
Quel fupplice !
Vois mon péril,
Dieu propice,

Finis mon exil.
O mon Pere !
Confidere
Ma mifere ;
Viens rompre le fil
De mes travaux ;
Que j'expire :
Je defire
Le repos.
 Trop long-temps
Ici je traîne
Dans la peine
Des jours languiffants ;
Cité fainte,
Séjour heureux,
Où fans feinte
Dieu fe montre aux yeux,
Je foupire,
Je defire
Cet empire
Que ce Roi des Cieux
Prépare aux fiens :
Qu'on me dife
Ton Dieu brife
Tes liens.

QUARANTE-SEPTIEME CANT. Chant 33.
Sur le bonheur des Saints dans le Ciel.
Dialogues des habitants du Ciel & de la Terre.

D. Du féjour de la gloire,
  Bienheureux dites-nous,
 Après votre victoire,
 Quels biens poffédez-vous ?
R. Ce font des biens ineffables ;
 Le cœur n'a point compris
 Quels tréfors admirables
 Dieu garde à fes amis.
D. Mais daignez nous inftruire
 Du prix de vos vertus ;

Dites ce qu'on peut dire
Du bonheur des élus.

R.   Loin du trouble & des larmes,
Voir, aimer le Seigneur,
En jouir sans alarmes,
C'est-là notre bonheur.

D.   Martyrs, dont le courage
Triompha des bourreaux,
Quel est votre partage
Après de si grands maux ?

R.   Tous, la couronne en tête,
La palme dans les mains,
Nous chantons la conquête
Du Sauveur des humains.

D.   Docteurs, fameux oracles,
Interpretes des Cieux,
Par quels nouveaux miracles
Dieu frappe-t-il vos yeux ?

R.   Ah ! quel bonheur extrême
D'aller en sûreté
Dans le sein d'un Dieu même
Puiser la vérité !

D.   Vous, humbles solitaires,
Que l'Egypte a produits,
De vos travaux austeres
Quels sont enfin les fruits ?

R.   Pour tous nos sacrifices
Et nos saintes rigueurs,
Un torrent de délices
Vient inonder nos cœurs.

D.   Vous, qui du riche avare
Eprouviez les rigueurs,
Compagnons du Lazare,
Quelles sont vos douceurs ?

R.   Nous sommes à la table
Du Dieu de l'univers ;
Le riche impitoyable
Est au fond des enfers.

D.　　　Et vous , qu'un pain de larmes
　　　Nourriſſoit chaque jour ,
　　　Quels ſont pour vous les charmes
　　　Du céleſte ſéjour ?

R.　　　Une main ſecourable
　　　Daigne eſſuyer nos pleurs;
　　　Une joie ineffable
　　　Succede à nos douleurs.

D.　　　Mais quelle eſt la durée
　　　D'un ſi charmant repos ?
　　　Dieu l'a-t-il meſurée
　　　Sur celle de vos maux ?

R.　　　Dieu qui de nos ſouffrances
　　　Abrégea les moments ,
　　　Veut que les récompenſes
　　　Durent dans tous les temps.

D.　　　Ah ! daignez nous apprendre
　　　Dans cet exil cruel ,
　　　Quelle route il faut prendre
　　　Pour arriver au Ciel.

R.　　　Si vous voulez nous ſuivre ,
　　　Marchez en combattant ;
　　　Et ſans ceſſer de vivre ,
　　　Mourez à chaque inſtant.

D.　　　Mais la peine eſt extrême ;
　　　Comment vivre toujours
　　　En guerre avec ſoi-même ,
　　　Et mourir tous les jours ?

R.　　　Si la mort eſt fâcheuſe
　　　Le terme eſt plein d'appas;
　　　Une couronne heureuſe
　　　Pour de légers combats !

FÉTE DE LA PENTECOSTE.
QUARANTE - HUITIEME CANTIQUE.
Chants 17 & 18. *Veni , creator.*

Venez , créateur de nos ames ,
Eſprit ſaint qui nous animez ;
Brûlez de vos céleſtes flammes

　　　　　　　　　　　　　　　Les

Les cœurs que vous avez formés.

Qui paracletus.

Visitez-nous, Dieu de lumiere,
Esprit de consolation,
Don du Très-Haut, feu salutaire,
Amour & divine oction.

Tu septiformis.

Vous êtes l'esprit de sagesse,
Que Dieu, sous sept différents noms,
Nous donne, selon la promesse
Qu'il nous a faite de ses dons.

Sermone ditans.

Par vous des hommes sans science
Sont les maîtres de l'univers,
Et vous répandez l'éloquence
Sur la langue des moins diserts.

Accende lumen.

Sur nos sens versez vos lumieres,
Versez votre amour en nos cœurs,
Ayez pitié de nos miseres,
Et comblez-nous de nos faveurs.

Hostem repellas longius.

Faites-nous triompher du monde,
Ecartez-nous de nos ennemis ;
Et d'une paix prompte et profonde
Que nos triomphes soient suivis.

Ductore sic te prævio.

Esprit-Saint, daignez nous conduire,
Le démon fuira devant nous ;
Et quoiqu'il fasse pour nous nuire,
Nous saurons éviter ses coups.

Per te sciamus.

Faites-nous connoître le Pere,
Faites-nous connoître le Fils,
Et vous-même en qui l'on révere
Le saint nœud qui les tient unis.

Credamus omni tempore.

A la foi d'un si grand mystere.

F

Que nos cœurs foient toujours foumis,
Et qu'en vain la raifon s'ingere
De l'affoiblir dans nos efprits.

Sit laus Patri.

Rendons honneur à Dieu le Pere,
Comme au Fils, au Saint-Efprit,
Qui, par fon fouffle falutaire,
Nous purifie & nous inftruit.

QUARANTE-NEUVIEME CANTIQUE
Sur le facrement de Confirmation.
Chants 17 & 18.

ENFANT de Dieu par le Baptême,
J'afpire à la perfection
Que le Saint-Efprit, par lui-même,
Donne en la Confirmation.

Il faut que tout Chrétien furmonte
La chair, le monde & le démon,
Il doit fuivre Jefus fans honte ;
Sans crainte confeffer fon nom.

Cette force nous eft donnée
Quand l'Evêque impofe les mains,
Ou qu'il fait l'Onction facrée,
Et qu'il invoque l'Efprit-Saint.

Le Chrême, fait de baume & d'huile,
Marque l'agréable douceur
Qui fait obferver l'évangile,
Et répandre fa bonne odeur.

La Croix fur le front imprimée,
Marque qu'il n'en faut point rougir:
D'un foufflet la joue eft frappée
Pour nous apprendre à tout fouffrir.

Il faut donc que l'on fe prépare
A recevoir ce facrement.
Mais hélas ! mon Dieu, qu'il eft rare
Qu'on s'y prépare dignement !

Corrigez le mal que vous faites,
Sachez votre religion ;
Unis de cœur, dans la retraite,

Perſévérez en oraiſon.

   Eſprit-Saint, venez dans nos ames ;
Eclairez-les de vos rayons ;
Brûlez-nous de vos ſaintes flammes ;
Enrichiſſez-nous de vos dons.

FÊTE DE LA Ste. TRINITÉ.
CINQUANTIEME CANTIQUE.
Chant 31.

GRAND Dieu, Pere ſuprême,
 Vous qui ſeul connoiſſez
L'image de vous-même
Que vous ſeul produiſez,
Daignez, ſoleil divin,
Nous le faire connoître,
Tel que réſide en votre ſein,
Sans commencement & ſans fin,
Ce miroir de votre être.

   O ſageſſe profonde,
Verbe du Tout-Puiſſant,
Vous étiez quand le monde
Fut tiré du néant :
Vrai Fils de l'Éternel,
Toujours, quoiqu'immuable,
Vous naiſſez du ſein paternel,
Diſtinct & conſubſtantiel,
O myſtere ineffable !

   Lumiere de lumiere,
Née avant la clarté,
Dieu de Dieu, né du Pere
De toute éternité,
Tous deux par indivis
Êtes de même eſſence,
En tout pareils, égaux, unis,
N'ayant que d'être Pere ou Fils
Pour toute différence.

   Et vous divine flamme
Dont ils s'aiment entr'eux,
Et qui faites que l'ame

Brûle des mêmes feux,
Venez, divin efprit,
Sans ceſſe les répandre :
Faites-nous aimer Jeſus-Chriſt ,
Et vers ce que ſa loi preſcrit
Faites-nous toujours tendre.

POUR LA FÊTE DU S. SACREMENT
ET JOURS SUIVANTS.
CINQUANTE-UNIEME CANTIQUE.
Chant 32.

Par un amour inconcevable ,
　　Près de mourir ,
Jeſus , de ſa chair adorable ,
　　Veut nous nourrir :
Prévenus de tant de faveurs ,
　　Chantons ſans ceſſe :
Vive Jeſus , le Roi des cœurs,
　　Qui juſqu'à nous s'abaiſſe.
　　Le pain devient, par ſa puiſſance ,
　　　　Son corps vivant ,
Et le vin, changeant de ſubſtance ,
　　　　Devient ſon ſang :
Qui peut concevoir ſes grandeurs !
Chantons ſans ceſſe , &c.
　　Jeſus notre adorable maître ,
　　　　Au Sacrement ,
Obéit à la voix du Prêtre
　　　　Exactement ,
Se ſoumet aux plus grands pécheurs.
Chantons ſans ceſſe , &c.
　　L'œil ne découvre au Sacrifice
　　　　Qu'un peu de pain :
Et n'apperçoit dans le Calice
　　　　Qu'un peu de vin :
Jeſus y voile ſes ſpendeurs.
Chantons ſans ceſſe , &c.
　　S'il paroiſſoit dans ce myſtere
　　　　Sans ſe cacher ,

Qui feroit affez téméraire
    Pour l'approcher ?
Mais il éclipfe fes grandeurs.
Chantons fans ceffe , &c.
    Un homme foible & miférable
    Mange fon Dieu !
Brûlons , allant à cette table ,
    D'un nouveau feu ,
Et goûtons-en bien les douceurs.
Chantons fans ceffe , &c.
    Augufte & divine merveille
    Du Sacrement !
Que notre foi donc fe réveille
    En ce moment ;
Diffipons toutes nos froideurs.
Chantons fans ceffe , &c.
    Pouvez-vous faire davantage
    En ce grand jour ,
Vous donnant vous-même pour gage
    De votre amour ?
Guériffez toutes nos langueurs.
Chantons fans ceffe , &c.
    Daignez , dans le feftin célefte ,
    Nous tranfporter :
C'eft le feul bonheur qui nous refte
    A fouhaiter ;
Votre gloire & notre falut ,
    Dieu de clémence ,
Sont de nos vœux l'unique but
Et l'unique efpérance.

CINQUANTE-DEUXIEME CANTIQUE.
Chants 17 & 18.

QUEL prodige , ô Dieu! c'eft vous-même
Qui venez vous donner à moi !
Quel bienfait ! quel amour extrême !
Quel eft donc l'homme , ô divin roi !
    Sur l'autel tout n'eft que merveille ,
Tout devient un objet de foi !

En vit-on jamais de pareille
Dans l'ancienne & ſtérile loi ?

C'eſt en vain que ſous un ſymbole
Mon Sauveur ſe cache à mes yeux ;
Je le crois, ſuivant ſa parole,
Tel ici qu'au plus haut des cieux.

Tous mes ſens, contre ce myſtere,
En vain ſe trouvent révoltés ;
Quand un Dieu parle, il faut ſe taire,
Croire toutes ſes vérités.

Ce grand Roi, ce ſouverain maître,
De qui tout reſpecte les loix,
Obéit à la voix du Prêtre,
Et ſe rend préſent à ſa voix.

Sur l'Autel & dans le Calice
L'œil croit voir du pain & du vin ;
Mais la foi dans le ſacrifice,
Ne voit rien qui ne ſoit divin.

S'il venoit dans ce grand myſtere,
Plein de gloire & ſans ſe cacher,
L'homme, hélas ! qui n'eſt que miſere,
Oſeroit-il s'en approcher ?

J'y conſens, voilez votre face,
Dieu de gloire & de majeſté ;
Mais faites que, par votre grâce,
Je vous voie en l'éternité.

CINQUANTE-TROISIEME CANTIQUE.
Chant 19.

Divin Agneau, qui ſur l'Autel
Vous immolez pour un coupable,
Et qui daignez à votre table
Appeller un foible mortel !
Ah ! quel amour ! qu'il eſt extrême !
Je n'en ſaurois exprimer la grandeur :
Vous allez m'élever au comble du bonheur,
Hélas ! dans ce feſtin, vous vous donnez vous-
même ;

Acte de Foi.

C'eſt à la Foi que j'ai recours

Pour me foumettre à ce myftere ;
C'eft elle feule qui m'éclaire ,
Je ne vois que par fon fecours.
La feule foi me fait entendre
Que fous ce pain à mes yeux préfenté ,
Vous cachez votre corps , votre divinité ;
Hélas ! que de tréfors fur moi vont fe répandre !

Acte d'Humilité.

Je fuis faifi d'un faint effroi ,
Le roi du ciel & de la terre ,
Le Dieu qui lance le tonnerre ,
Aujourd'hui daigne entrer chez moi.
Comblé des biens que vous nous faites ,
Je reconnois mon néant à vos yeux ;
Et bien loin d'être fier d'un fort fi glorieux ,
Je vois ce que je fuis , je vois ce que vous êtes.

Acte d'Efpérance.

Si vos grandeurs me font trembler
Dans cet augufte facrifice ,
J'y trouve auffi , Sauveur propice ,
Des bontés pour me confoler :
Quand mon efpoir devroit s'éteindre ,
Par votre amour je le fens s'animer :
Je ne fuis qu'un mortel , mais vous daignez
m'aimer ,
Seigneur, j'efpere tout lorfque j'ai tout à craindre.

Acte de Charité.

Tout parle ici de votre amour ,
Puiffant auteur de la nature ,
Pour une indigne créature ,
Vous quittez l'immortel féjour !
Ce même amour vous facrifie ,
Il me fait voir comme il faut vous aimer :
De vos faintes ardeurs c'eft peu de s'enflammer
Hélas ! je dois pour vous cent fois donner ma vie.

CINQUANTE-QUATRIEME CANTIQUE.
Sur la fainte communion. Chant 3.

QUE de biens à la fois m'accorde le Sauveur !
Ces lieux font pleins de fa préfence ;

Cet autel n'attend que mon cœur,
Mon bonheur éternel commence.
Doux objet de mes vœux, délices de mon cœur,
Dieu tout charmant, beauté suprême;
Ton amour est enfin vainqueur,
Et pour toi le mien est extrême.
Quel excès de bonté je vois sur cet autel !
Le Dieu qui lance le tonnerre,
Sans quitter le trône éternel,
En descend pour moi sur la terre.
Son sang coule pour moi, ce sang si précieux,
Par qui j'ai vu laver mon crime ;
Je reçois la manne des cieux,
L'agneau saint devient ma victime.
L'Eternel dans mon sein répand tous ses trésors;
Par ces trésors mon ame est pure :
Il me donne son propre corps,
Pour mon cœur quelle nourriture !
Du bonheur que je sens les Anges font jaloux,
Entr'eux & moi Dieu se partage,
Et ce lien commun entre nous,
Dans ce lieu me rend leur image.
Mon bonheur est si grand qu'il me fait oublier
Et ma naissance & ma bassesse ;
Tout conspire à m'humilier,
Mais un Dieu soutient ma foiblesse.
O miracle d'amour ! ô comble du bonheur !
Quel sort au mien est comparable !
Je reçois en moi mon Sauveur,
Est-il un bien plus désirable !
Tous les biens d'ici-bas n'ont que de faux attraits,
Ils ne font doux qu'en apparence ;
Mais, Seigneur, vos moindres bienfaits
Vont plus loin que mon espérance.
D'un amour éternel je jure vous aimer,
Et cet amour doit être extrême,
On ne peut assez s'enflammer,
Quand il faut aimer un Dieu même.

CINQUANTE-

CINQUANTE-CINQUIEME CANTIQUE.
Aspiration avant, pendant & après la Commun.
Chant 41.

Mon bien-aimé ne paroît pas encore,
Trop longue nuit dureras-tu toujours ?
   Tardive aurore,
   Hâte ton cours ;
Rends-moi Jesus, ma joie & mes amours,
Mon doux Jesus, que seul j'aime & implore.

  De son flambeau déjà les étincelles,
Astre du jour, raniment mes desirs ;
   Tu renouvelles
   Tous mes soupirs.
Servez mes vœux, avancez mes plaisirs,
Anges du ciel, portez-moi sur vos aîles.

  Je t'apperçois, asyle redoutable,
Où l'éternel descend de sa grandeur :
   Temple adorable
   Du Rédempteur,
Si dans tes murs il voile sa splendeur,
Ce Dieu d'amour n'en est que plus aimable.

  Sans nul éclat le vrai Dieu va paroître ;
De cet autel il vient s'unir à moi :
   Est-ce mon maître ?
   Est-ce mon roi ?
Laissez, mes yeux, laissez agir ma foi ;
Un œil chrétien ne peut le méconnoître.

  Du Roi des Rois je suis le tabernacle ;
Oui . de mon ame un Dieu devient l'époux ;
   Charmant spectacle,
   Espoir trop doux :
Rendez, grand Dieu, mon cœur digne de vous ;
Votre amour seul peut faire ce miracle.

  Je m'attendris sans trouble & sans alarmes,
Amour divin je ressens vos langueurs ;
   Heureuses larmes,
   Aimables pleurs,
Ah ! que mon cœur y trouve de douceurs!

Tous vos plaifirs, mondains, ont-ils des charmes?
  Trifte penchant, funefte fruit du crime,
C'eft vous qu'il veut que j'immole à fon choix :
    Ce Dieu m'anime,
    Suivons fes lois.
Parlez, Seigneur, j'écoute votre voix ;
Mon cœur eft prêt, nommez-lui la victime.
  Ce pain des forts foutiendra mon courage ;
Venez, démons, de mon bonheur jaloux ;
    Que votre rage
    Vous arme tous,
Je ne crains point vos terribles coups :
De ma victoire un Dieu devient le gage.
  Il me remplit d'une douce efpérance,
Qui me fuivra plus loin que le trépas ;
    Si fa puiffance
    Soutient mon bras,
C'eft peu pour lui qu'il m'aide en mes combats ;
Il veut encore être ma récompenfe.
  Pour un pécheur, que fa tendreffe eft grande,
Qu'elle mérite un généreux retour !
    Mais quelle offrande
    Pour tant d'amour !
Prenez mon cœur, ô mon Dieu ! dans ce jour ;
C'eft le feul don que le vôtre demande.

CINQUANTE-SIXIEME CANTIQUE.
Sur l'adoration de N. S. J. C. préfent au Saint
Sacrement de l'Autel. Chant 40.

Sur cet Autel, quel comble de richeffes
Dans ce moment s'offre aux yeux de la Foi !
L'homme a parlé ; fidele à fes promeffes,
Le Dieu du ciel obéit à fa loi.
Adorons tous.... fous ces foibles efpeces,
Un Dieu caché qui s'immole pour nous.
  Sur cet autel, tout le fang du Calvaire
Coule à grands flots pour laver nos forfaits ;
Jefus, victime, en s'offrant à fon Pere,
De fon amour y comble fes bienfaits.
Adorons tous.... dans ce profond Myftere

Un Dieu caché qui s'immole pour nous.

Sur cet autel, pour nous donner la vie,
Sous l'accident d'un pain matériel,
Jefus préfent nous invite & nous crie :
Venez, prenez, mangez le pain du Ciel.
Adorons tous .... dans cette fainte Hoftie
Un Dieu caché qui s'immole pour nous.

CINQUANTE-SEPTIEME CANTIQUE.
Dimanches d'après la Pentecôte. Chant 20.

LES Cieux inftruifent la terre
LA révérer leur auteur ;
Les vents, les airs, le tonnerre,
Chantent un Dieu créateur :
Quel plus fublime Cantique
Que ce concert magnifique
De tous les céleftes corps !
Quelle juftefe infinie
Dirige tous leurs refforts !
Quelle divine harmonie
Réfulte de leurs accords !

De fa puiffance immortelle
Tout nous parle & nous inftruit ;
Le jour au jour la révele,
La nuit l'annonce à la nuit :
Ce grand & fuperbe ouvrage
N'eft point pour l'homme un langage
Obfcur & myftérieux ;
Son admirable ftructure,
Son accord harmonieux,
Eft la voix de la nature
Qui fe fait entendre aux yeux.

Dans une éclatante voûte
Il a placé de fes mains
Le foleil qui dans fa route
Eclaire les humains :
Environné de lumiere,
Il entre dans fa carriere
Comme un époux glorieux,

G 2

Qui dès l'aube matinale,
Se préfentant à nos yeux,
De fa couche nuptiale
Sort brillant & radieux.

L'univers à fa préfence
Semble fortir du néant :
Il prend fa courfe, il s'avance
Comme un fuperbe géant ;
Bientôt fa marche féconde
Embraffe le tour du monde
Dans le cercle qu'il décrit ;
Et par fa chaleur puiffante,
Que tout charme & réjouit,
La nature languiffante
Se ranime & fe nourrit.

O que vos œuvres font belles !
Grand Dieu, quels font vos bienfaits !
Que ceux qui vous font fideles
A vous fervir ont d'attraits !
Votre crainte fortifie
Contre les maux de la vie ;
Elle nous rend triomphants,
Elle éclaire la jeuneffe
Dès les jours de fon printemps,
Et fait briller la fageffe
Dans les plus foibles enfants.

Je fens ma foi chancelante,
Dieu puiffant, infpirez-moi
Cette crainte vigilante
Qui fait pratiquer la loi :
Loi fainte, loi defirable,
Ta richeffe eft préférable
A la richeffe de l'or,
Et fa douceur eft pareille,
Ou même furpaffe encor
Le miel dont la jeune abeille
Compofe tout fon tréfor.

Mais fans vos clartés facrées,

Qui peut connoître, Seigneur,
Tant de foiblesses cachées
Dans les replis de son cœur ?
Prêtez-moi vos feux propices,
Et faites-moi voir les vices
Qui s'attachent à mes pas :
Consumez par votre flamme,
Détruisez par vos appas
Ceux que je vois dans mon âme,
Et ceux que je n'y vois pas.

Si de leur triste esclavage
Je puis dégager mes sens,
Et détruire leur ouvrage,
Mes jours seront innocents :
Je marcherai sur vos traces,
Et dans la source des grâces,
De votre sang abreuvé,
Ma gloire fera connoître
Que je vous ai retrouvé ;
Que le Dieu qui m'a fait naître
Est le Dieu qui m'a sauvé.

CINQUANTE-HUITIEME CANTIQUE.
Chant 29.

Bénissez le Seigneur suprême,
Petits oiseaux, dans vos forêts ;
Dites, sous ces ombrages frais,
Dieu mérite qu'on l'aime.

Doux rossignols, dites de même,
Ou tous ensemble, ou tour-à-tour,
Et que les échos d'alentour
Vous répondent qu'on l'aime.

Triste & plaintive tourterelle,
Bénissez Dieu, rien n'est si doux ;
Je dois bien plus gémir que vous,
Mais je suis moins fidelle.

Paissez, moutons, en assurance,
Et bénissez le bon pasteur :
Voit-il en moi votre douceur ?

Ah ! quelle différence !

Tendres zéphirs qui , dans nos plaines ,
Murmurez ſi paiſiblement ,
Béniſſez-le chaque moment
Par vos douces haleines.

Entre ces deux rives fleuries ,
Béniſſez Dieu , petit ruiſſeau ,
Tout paſſe , hélas ! comme votre eau
Paſſe dans ces prairies.

Dans ces beaux lieux tout eſt fertile ,
J'y vois des fruits , j'y vois des fleurs ;
Je le dis en verſant des pleurs ,
Je ſuis l'arbre ſtérile.

Charmante fleur , un jour voit naître
Et mourir cet éclat ſi doux ;
Je mourrai bientôt après vous ,
Plutôt que vous peut-être.

Mer en courroux , mer implacable ,
Je dois bien craindre le Seigneur :
Ainſi que vous , dans ſa fureur ,
Il eſt inexorable.

Tonnerre , éclairs , bruyante foudre ,
Marquez ſon pouvoir , ſa grandeur :
Dieu peut confondre le pécheur ,
Et le réduire en poudre.

Que ce grand fleuve dans ſa courſe ,
Diſois-je un jour , plein de ferveur ,
Si je vous offenſe , Seigneur ,
Remonte vers ſa ſource.

Ah ! remontez avec vîteſſe
Vers cet endroit d'où vous partez ;
Changez de cours , fleuve , changez ,
Car je peche ſans ceſſe.

Comme le cerf court aux fontaines ,
Preſſé de ſoif & de chaleur ,
Ainſi je vais à vous , Seigneur ,
Adouciſſez mes peines.

Que le ſoleil & que l'aurore ,

Les campagnes & les moissons,
Les rivieres & les poissons,
Qu'enfin tout vous adore.

Dieu tout-puissant en qui j'espere,
Soyez toujours mon protecteur;
Je suis un ingrat, un pécheur,
Mais vous êtes mon Pere.

CINQUANTE-NEUVIEME CANTIQUE.
Chant 31.

Louons tous Dieu, rendons-lui gloire,
Et bénissons tous son saint nom;
C'est de lui que vient la victoire
Que nous avons sur le démon.
Ne perdons jamais la mémoire
De cet inestimable don.

Nous nous étions donnés au vice,
Dieu pouvoit nous abandonner;
Mais quand, sans nous faire injustice,
Il eût pu nous laisser damner,
Malgré toute notre malice,
Il a daigné nous pardonner.

L'appas d'une vaine apparence
Nous avoit au mal attirés,
Par la perte de l'innocence
Nous étions au démon livrés;
Mais une heureuse pénitence
De ses filets nous a tirés.

Parmi ceux qui sont dans les peines,
Combien qu'un seul crime a perdus!
Mais, malgré nos promesses vaines,
Dieu nous a toujours attendus;
Et sa bonté, brisant nos chaînes,
Nous met au rang de ses élus.

Nous méritons bien la colere
De ce Dieu par nous outragé;
Mais à pardonner, ce bon pere,
Par son grand amour engagé,
En nous tirant de la misere,

Se croit de nous affez vengé.

Dieu nous follicita fans ceffe
Dès qu'il nous vit nous égarer,
Tel qu'un bon Pafteur qui s'empreffe
Pour la brebis qu'il voit errer ;
Nous le fuyons, mais fon adreffe
Dans fon bercail nous fit rentrer.

Nous devons notre délivrance
A l'amour de ce Dieu Sauveur,
Dignes objets de fa vengeance,
S'il nous épargne, c'eft faveur ;
Puifqu'en amour il fait l'avance,
Qu'à fon tour il ait notre cœur.

De péché & de repentance,
Ne faire qu'un flux & reflux ;
Sans une groffiere ignorance,
Qui ne voit que c'eft un abus ?
Celui-là fait bien pénitence
Qui déformais ne peche plus.

Evitons donc l'ingratitude,
Brûlons tous de l'amour divin,
Confacrons toute notre étude
A marcher dans le droit chemin ;
Et par une heureufe habitude
Perfévérons jufqu'à la fin.

SOIXANTIEME CANTIQUE.
Chant 38.

Mon cœur, tranfporté d'allégreffe,
    S'empreffe
De vous louer, Seigneur ;
Oui, je le veux vous rendre honneur,
O Dieu qui m'écoutez fans ceffe !
Mon cœur tranfporté d'allégreffe, &c.

Mes chants feront le témoignage,
    Le gage
De mes finceres vœux ;
Et les Anges dans les faints lieux
De ma voix entendront l'hommage.

Mes chants feront le témoignage, &c.
Je célébrerai la mémoire ,
     L'hiftoire
De vos rares bienfaits ;
D'un Dieu fidele les beaux traits
Signalent par-tout votre gloire.
Je célébrerai la mémoire , &c.
   Vous avez daigné , d'un cœur tendre ,
     Entendre
Tous les cris de mon cœur :
Je fens encore cette vigueur
Qu'à mon âme vous sûtes rendre.
Vous avez daigné , &c.
   Que toute la grandeur de la terre
     Révere
Votre nom , ô grand Roi !
Qui vous montrez digne de foi
Dans vos paroles très-finceres.
Que toute grandeur de la terre , &c.
   Qu'ils chantent ce Dieu magnifique ,
     Unique ,
Qui regne au haut des Cieux ,
Qui loin de foi voit l'orgueilleux ,
Pendant qu'aux humbles il s'applique.
Qu'ils chantent ce Dieu magnifique , &c.
   Je verrois de maux pourfuivie
     Ma vie ,
Rien ne m'ébranlera ;
Votre droite me fauvera ,
Frappera la troupe ennemie.
Je verrois de maux pourfuivie , &c.
   Vous ferez jufqu'au dernier âge
     Ufage
Sur moi de vos bontés ;
Vos dons ne font point limités ,
N'abandonnez point votre ouvrage.
Vous ferez jufqu'au dernier âge , &c.

SOIXANTE-UNIEME CANTIQUE.

Sur la vérité de la Religion Chrét. & Catholique,
par opposition aux erreurs des Protestants,

Chant 34.

Que tout cede à la Foi,
C'est la raison suprême,
Et notre raison même
Souscrit à cette loi :
Que tout cede à la Foi.

Le Seigneur a parlé,
Sa voix s'est fait entendre ;
Nous croyons sans comprendre
Ce qu'il a révélé :
Le Seigneur a parlé.

Le fils du Dieu vivant,
Au monde a voulu naître ;
On l'a dû reconnoître,
En œuvres tout puissant,
Le fils du Dieu vivant.

Douze pauvres pêcheurs
Ont annoncé sa gloire ;
Par-tout ils ont fait croire
Sa mort & ses grandeurs,
Douze pauvres pêcheurs.

C'est un fort bon garant
Que leur seul témoignage ;
Ils ont donné pour gage
Leur vie avec leur sang ;
C'est un fort bon garant.

Malgré tous les tyrans,
La mort même féconde
A peuplé tout le monde
De Chrétiens renaissants,
Malgré tous les tyrans.

Réformés prétendus,
Vos dogmes, vos maximes
N'enfantent que des crimes
Qu de fausses vertus,

Réformés prétendus.

Sources d'impiété,
Le précepte impoſſible,
La grâce inadmiſſible,
Un Dieu ſans équité,
Sources d'impiété.

Nous avons des Paſteurs
Héritiers des Apôtres ;
D'où ſont venus les vôtres ?
Ce ſont des impoſteurs ;
Nous avons des Paſteurs.

Je ſuis ſûr de ma foi
En conſultant l'Egliſe ;
Et mon ame ſoumiſe
Apprend d'elle la loi :
Je ſuis ſûr de ma foi.

Pour croire ſans péril,
Vous avez l'Evangile ;
L'ignorant ou l'habile
Comment s'y prendra-t-il
Pour croire ſans péril ?

Point de ſalut chez vous ;
Tous nos docteurs le tiennent ;
Mais les vôtres conviennent
Qu'on ſe ſauve avec nous,
Point de ſalut chez vous.

Ouvrez enfin les yeux,
Et voyez que vos peres
Dans tous nos cimetieres
Ont laiſſé leurs aïeux,
Ouvrez enfin les yeux.

Ecoutez Jeſus-Chriſt ;
C'eſt être témeraires
De ſuivre les lumieres
De votre foible eſprit,
Ecoutez Jeſus-Chriſt.

C'eſt mon corps & mon ſang
Que je donne à l'Egliſe ;

Ma parole eſt préciſe ,
J'ai parlé nettement ,
C'eſt mon corps & mon ſang.
    Quand je me ſuis fait chair ,
Ce n'eſt point en figure ;
J'ai pris votre nature ,
Non un fantôme en l'air ,
Quand je me ſuis fait chair.
    Le terme eſt-il moins clair ,
La choſe moins poſſible ?
Suis-je moins infaillible
Diſant : Prenez ma chair ?
Le terme eſt-il moins clair ?
    Que la confeſſion
Vous ſemble un joug auſtere ;
Mais plus elle eſt ſévere ,
Moins c'eſt invention
Que la confeſſion.
    Ce fardeau rigoureux
Nous viendroit-il des Prêtres ?
S'ils en étoient les maîtres ,
L'auroient-ils pris pour eux
Ce fardeau rigoureux ?
    Seigneur , elle eſt de vous
Cette gêne ſi grande ;
Votre loi la commande ,
Nous nous ſoumettons tous :
Seigneur , elle eſt de vous.
    Du divin Tribunal
L'homme tient la balance ,
Et ſa juſte ſentence
Prévient l'arrêt fatal
Du divin Tribunal.
    Faites donc tout ſavoir ,
Confeſſez tout au Prêtre :
Juge , il doit tout connoître ,
Homme , il peut tout voir ,
Faites donc tout ſavoir.

Je me cherche un appui
Qui m'aide en ma foibleſſe;
Au Seigneur je m'adreſſe,
Mais pour aller à lui
Je me cherche un appui.

Un ſeul médiateur,
C'eſt le Sauveur du monde ;
Voilà ſur quoi ſe fonde,
Sectaires, votre erreur ;
Un ſeul médiateur.

Il eſt médiateur,
Comme paſteur unique ;
Mais ſous lui, ſans réplique
Comme un autre paſteur,
Il eſt médiateur.

Un ſaint connoît mes vœux,
Et les voit d'un œil tendre ;
Abraham peut entendre
Le riche dans les feux ;
Un ſaint connoît mes vœux.

Le culte que je rends
N'eſt point idolâtrie;
Je ſais bien qui je prie,
Et j'accommode aux rangs
Le culte que je rends.

Moins que le créateur
Tous les ſaints je révere ;
Mais j'honore la mere
Plus que le ſerviteur :
Moins que le créateur.

Le ſouverain honneur
Souffrant un ſubalterne,
A Dieu qui nous gouverne,
Et non au ſerviteur,
Le ſouverain honneur.

Quand j'honore un ſujet,
Sans faire au prince outrage,
Je reſpecte l'ouvrage

Que lui-même il a fait,
Quand j'honore un sujet.

Honorant les saints corps,
C'est ma foi que j'honore ;
Le maître que j'adore
Rendra la vie aux morts,
Honorant les saints corps.

Que les bijoux des rois
Couvrent ces sacrés restes,
Selon les chœurs célestes,
Plus brillants mille fois
Que les bijoux des rois.

Mon cœur est dans les cieux,
J'y porte mes hommages ;
Quand les saintes images
Ici fixent mes yeux,
Mon cœur est dans les cieux.

On prioit pour les morts
Sous Judas Machabée :
Salutaire pensée,
Saint usage dès-lors,
On prioit pour les morts.

Que tout cede à la foi,
C'est la raison suprême ;
Et notre raison même
Souscrit à cette loi :
Que tout cede à la foi.

SOIXANTE-DEUXIEME CANTIQUE.
Sur le bonheur de servir Dieu dans la jeunesse.
Chant 35.

LE temps de la jeunesse
Passe comme une fleur,
Hâtons-nous, le temps presse,
Donnons-nous au Seigneur :
N'attendons pas cet âge
Où les hommes n'ont plus
Ni force ni courage
Pour les grandes vertus.

Que de pleurs & de larmes
Doit coûter au trépas
Ce monde dont les charmes
Nous trompent ici-bas !
D'agréables promeſſes
Il nous flatte d'abord ;
Mais ſes fauſſes richeſſes
Ne donnent que la mort.

Euſſions-nous en partage
Le ſort le plus flatteur,
Seroit-ce un avantage
Sans l'amour du Seigneur ?
Quelle folie extrême !
Gagner tout l'univers,
Et s'engager ſoi-même
Aux tourments des enfers !

Si le monde s'offenſe,
Mépriſons ſon courroux,
Dieu veut la préférence,
Il s'en montre jaloux ;
Si ſa bonté ſuprême
A pour nous tant d'ardeur,
Il faut l'aimer de même
Sans partager ſon cœur.

Pourquoi tant nous promettre
De vivre longuement ?
Chaque moment peut être
Notre dernier moment ;
Craignons que de la grace
Dieu n'arrête le cours ;
Qu'un autre à notre place
Ne ſoit mis pour toujours.

Quand pluſieurs fois au crime
L'on oſe conſentir,
Hélas ! c'eſt un abîme,
On en voit peu ſortir ;
Il n'eſt rien de plus rude
Que de ſe détacher

D'une longue habitude
Qu'on s'est fait de pécher.
　　Présentons nos services
Au Seigneur tout-puissant,
Offrons-lui les prémices
De l'âge florissant ;
Cet adorable maître
Ne nous donne le jour
Qu'afin de le connoître,
Et vivre en son amour.

SOIXANTE-TROISIEME CANTIQUE.

Sur la présence de Dieu.　Chant 28.

POUR éviter votre clarté,
　Seigneur que puis-je faire ?
Jamais à votre immensité
Je ne puis me souftraire :
L'homme en vain fuit votre œil perçant,
Par-tout il vous trouve présent.

　　Si je monte jusques aux cieux,
Où gronde le tonnerre ;
Si je descends dans les bas lieux
Au centre de la terre,
Par-tout où je pénétrerai,
Grand Dieu, je vous y trouverai.

　　Irai-je au bout de l'univers
Pour y fuir votre face ?
Volerai-je au-delà des mers ?
En tel lieu que je passe,
Votre main par-tout m'y conduit,
Et votre œil par-tout m'y pourfuit.

　　Si je choisis un lieu désert,
Un antre épais & sombre,
Je ne puis m'y mettre à couvert
De plus près que mon ombre :
Par-tout re me suivez-vous pas ?
Ne comptez-vous pas tous mes pas ?

　　Qui veut pécher à la faveur
D'une nuit ténébreuse,

La cherche en vain par-tout, Seigneur :
La nuit la plus affreufe
Eft plus lumineufe pour vous
Que le midi ne l'eft pour nous.

Si l'attrait flatteur du péché
Veut féduire mon ame ;
S'il me dit : Te voilà caché,
Peche, cede à ta flamme,
Dieu, par une fecrete voix,
Me crie : Ah ! pécheur je te vois.

D'où me vient, Seigneur, cet effroi
Que je ne puis contraindre,
Que je fens en moi malgré moi ;
Péchant feul, qu'ai-je à craindre ?
Quoique caché, feul à l'écart,
Grand Dieu ! je crains votre regard.

Pour commettre, ô Dieu ! fans regret,
Contre vous une offenfe,
Il faut chercher un lieu fecret,
Loin de votre préfence :
Mais hélas ! où trouver un lieu
Qui foit innacceffible à Dieu ?

Si, quand on peche, l'on croyoit
Être apperçu des hommes,
Dans l'inftant même on rougiroit,
Aveugles que nous fommes,
Nous ofons pécher devant vous,
Seigneur, quelle honte pour nous !

SOIXANTE-QUATRIEME CANTIQUE.
Pour la Fête de l'Affomption.
Chant 20.

CHANTONS, chantons de Marie
Les ineffables grandeurs ;
C'eft le ciel qui l'a choifie
Pour la combler de faveurs :
Qu'un faint zele nous anime ;
A fa dignité fublime
Rendons d'immortels honneurs :

H

Chantons, chantons, &c.

Un Dieu veut enfin du monde
Finir le triste malheur ;
Il rend la Vierge féconde,
Qui conçoit le Rédempteur :
O mere la plus heureuse !
O la grâce précieuse !
Enfanter son Créateur !
Un Dieu veut, &c.

De quels dons n'est point suivie
Cette auguste qualité ?
L'Esprit-Saint verse en Marie
Des trésors de charité ;
Marie est pleine de grâce,
Après Dieu rien ne surpasse
L'éclat de sa sainteté.
De quels dons, &c.

Ah ! quelle est son innocence !
Son amour pour la pudeur,
Quelle est son obéissance
Aux volontés du Seigneur !
Avec une ardeur extrême
Elle offre à ce Dieu suprême
Tous les desirs de son cœur.
Ah ! quelle est, &c.

Sur-tout j'admire en Marie
Sa profonde humilité ;
Elle ne se glorifie
Que dans le Dieu de bonté ;
Qu'elle soit notre modele,
Aimons désormais comme elle
La solide piété :
Sur-tout j'admire, &c.

Que sa gloire est éclatante
Au séjour des bienheureux !
Que cette Vierge est puissante
Auprès du maître des Cieux !
Elle est des Anges la Reine,

Des hommes la souveraine ;
Qu'on la révere en tous lieux.
Que sa gloire, &c.

Elle est notre protectrice
Dans nos différents malheurs ;
Elle est la consolatrice
De ceux qui versent des pleurs :
Vierge pleine de clémence,
Elle est la douce espérance,
Le refuge des pécheurs.
Elle est notre, &c.

O Marie ! ô tendre mere !
Nous nous adressons à vous ;
Ecoutez notre priere,
Intéressez-vous pour nous :
Qu'un repentir véritable.
Brise nôtre cœur coupable,
De Dieu calme le courroux. O Marie, &c.

Priez le souverain maître,
Qui seul doit étre adoré ;
Que dans nous il fasse naître,
Le feu de l'amour sacré ;
Qu'en nos cœurs sa loi s'imprime ;
Et que jamais par le crime
Il ne soit déshonoré. Priez le, &c.

Dans nos maux, dans nos alarmes,
Prêtez-nous votre secours ;
Contre le monde & ses charmes
Fortifiez-nous toujours :
Sur-tout, Mere charitable,
Ah ! soyez-nous secourable
Pour le dernier de nos jours.
Dans nos maux, &c.

SOIXANTE-CINQUIEME CANTIQUE.
Sur la sanctification des Dimanches.
Chants 21 & 22.

LE Dimanche est pour rendre hommage
Au saint repos où Dieu voulut entrer,

Lorſque du monde ayant fini l'ouvrage,
Après ſix jours il ceſſa de créer.

De ce repos le nôtre eſt une image ;
On peut le prendre après de vrais travaux ;
Mais, pour le faire avec quelqu'avantage,
Ceſſons, ceſſons d'y mêler nos défauts.

Ce même jour rappelle la mémoire
De ce moment glorieux & ſi beau,
Où le Sauveur, pour rentrer dans ſa gloire,
Par ſa vertu ſortit de ſon tombeau.

Pour célébrer dignement la conquête
Qu'il fit alors ſur l'enfer & la mort,
Que ce ſoit pour nous un jour de fête ;
Paſſons-le tous à bénir ce Dieu fort.

Ces jours jadis étoient fêtes chrétiennes,
On imitoit ce que l'on adoroit ;
Mais à préſent ce ſont fêtes païennes,
L'on n'y fait rien de ce que l'on devroit.

Ce ne ſont plus ces ſaintes aſſemblées
Où l'on venoit bénir le Saint des Saints ;
On n'y voit plus que troupes ramaſſées
D'hommes méchants, indévots, libertins.

Fuyez, Chrétiens, ces dangereux exemples,
Souvenez-vous du nom que vous portez ;
De l'Eſprit-Saint vous êtes les vrais Temples,
Honorez-le, méritez ſes bontés.

Au Catéchiſme, où l'on cherche à déduire
Ce qu'un Chrétien doit connoître & ſavoir,
Avec ardeur, accourez vous inſtruire ;
Voilà, voilà votre premier devoir.

Quand vous voyez que les pécheurs s'uniſſent
Aux cabarets, aux ſpectacles, aux jeux,
Qu'ils jurent Dieu, l'outragent, le maudiſſent,
Pour le louer, venez tous aux ſaints lieux.

Si c'eſt un mal de faire une œuvre utile
En ces ſaints jours, qu'eſt-ce donc qu'y pécher ?
Ah ! quel abus, quelle œuvre plus ſervile
Que les paſſer à boire & à danſer !

SOIXANTE-SIXIEME CANTIQUE.
Sur le soin du salut. Chant 37.

Mille soins sans cesse l'on se donne,
Mais tout se borne au soin de notre corps;
C'est pour lui seul qu'on seme & qu'on moissonne,
Pour ce faux bien, c'est vous qu'on abandonne,
    Célestes tréfors. (*bis*)

C'est vainement que Dieu promet sa grâce,
On ne veut pas d'un bien si précieux:
L'or & l'argent sont tout ce qu'on amasse,
Et c'est enfin ce faux éclat qui passe
    Qu'on aime le mieux. (*bis*)

Repofons-nous sur ce maître si sage,
De tous les soins d'un avenir douteux;
Il nous appelle au célefte héritage:
De ses conseils si l'on fait bon usage,
    On est trop heureux. (*bis*)

Ne craignons point que son cœur nous oublie,
Son tendre cœur ne veille que pour nous;
D'un nœud trop fort avec nous il se lie,
Non, son ardeur ne peut être affoiblie:
    Quel fort est plus doux? (*bis*)

Du tendre soin de l'arbitre suprême,
N'avons-nous pas le plus fensible effet?
Peut-on douter de sa tendresse extrême?
Pour nous montrer à quel point il nous aime,
    Que n'a-t-il pas fait? (*bis*)

Que désormais notre ame satisfaite,
Fasse du Ciel ses desirs les plus doux;
Que notre cœur goûte une paix parfaite,
Et qu'ici-bas rien ne nous inquiete:
    Dieu veille pour nous. (*bis*)

SOIXANTE-SEPTIEME CANTIQUE.
Sanctification du le travail. Chant 28.

Fuyons, fuyons l'oisiveté!
    Que ce vice est à craindre!
J'entends le Dieu de vérité
    Dans ses livres s'en plaindre;

Le mal, hélas ! corrompt les mœurs ;
C'est un poison pour tous les cœurs.

L'homme au repos destiné
Dans l'état d'innocence,
Il est aujourd'hui condamné
A faire pénitence ;
Dans la peine il doit chaque jour
Vivre ici-bas avec amour.

Le juste arrêt en fut dicté
Lorsqu'il devint rebelle ;
Pour punir mon iniquité,
J'y veux être fidele :
La peine convient au pécheur ;
Son pain est un pain de douleur.

Mais pour moi ce mal est un bien,
Ma peine est méritoire ;
Le travail me donne un moyen
D'arriver à la gloire ;
Pour un mal court & passager,
Est-ce assez me dédommager ?

Travaillons donc sans murmurer,
Sans regret & sans plainte :
Le Seigneur ne peut accepter
Une offrande contrainte :
Il faut nécessairement prier,
Mais sans cesser de travailler.

Fuyons aussi d'un cœur égal
L'intérêt, l'avarice ;
Dieu condamne ce double mal,
Il hait toute injustice :
Un bien est trop cher acheté
Quand il coûte une éternité.

SOIXANTE-HUITIEME CANTIQUE.

Pour la Nativité de la Ste. Vierge. Ch. 21 & 22.

VIERGE sans tache, admirable Marie,
Je veux par-tout publier vos grandeurs,
Et m'employer le reste de ma vie,
A vous servir & vous gagner des cœurs.

Je vous falue., augufte & fainte reine,
Dont la beauté ravit les immortels ;
Mere de grâce, aimable fouveraine,
Je me proflerne aux pieds de vos autels.

Je vous falue, ô divine Marie !
Vous méritez nos refpects & nos cœurs ;
Après Jefus, vous feule êtes la vie,
Le doux refuge & l'efpoir des pécheurs.

Triftes enfants d'une coupable mere,
Bannis du ciel, les yeux baignés de pleurs,
Nous vous faifons, de ce lieu de mifere,
Par nos foupirs, entendre nos douleurs.

Exaucez-nous, puiflante protectrice,
Tournez fur nous vos regards amoureux,
Et faites voir, qu'à nos larmes propice,
Du haut du ciel vous écoutez nos vœux.

O douce, ô tendre, ô pieufe Marie !
Jefus vous doit la naiffance & le jour :
Faites qu'après l'exil de cette vie,
Nous le voyions dans l'éternel féjour.

Que mon bonheur me paroît eftimable,
Après Jefus, vous ferez mon appui,
Et vous tiendrez, ô mere très-aimable !
Le premier rang dans mon cœur après lui.

Vous en ferez toujours feule la reine,
Et votre fils en fera feul le roi ;
Lui fouverain, vous toujours fouveraine,
Tous deux enfemble y donnerez la loi.

Contre moi feul que tout l'enfer confpire,
Je ne crains rien de fa vaine fureur ;
Un cœur foumis à votre aimable empire
Ne peut tomber dans l'éternel malheur.

Outre les fêtes de la fainte Vierge, il fera bon
de chanter un de ces cantiques tous les famedis.

SOIXANTE-NEUVIEME CANTIQUE.

L'Oraifon Dominicale. Chants 17 & 18.

PERE des hommes & des anges,
Qui régnez au plus haut des cieux,

Qu'on chante à jamais les louanges
De votre faint nom en tous lieux.

Etabliffez, beauté parfaite,
En nous votre regne éternel ;
Que votre volonté foit faite
Ici-bas, comme dans le ciel.

Seigneur, que votre main nous donne
Le pain que nous vous demandons ;
Que votre bonté nous pardonne
Comme au prochain nous pardonnons.

Faites que notre cœur réfifte
Aux plus redoutables affauts ;
Que votre grâce nous affifte
Et nous délivre de tous maux.

SOIXANTE-DIXIEME CANTIQUE.
La Salutation angélique. Chants 17 & 18.

VIERGE fainte, augufte Marie,
Nous vous faluons à genoux ;
Vous êtes de grâce remplie,
Et le Seigneur eft avec vous.

Soyez bénie entre les femmes ;
Béni foit votre chafte flanc ;
Et béni le Sauveur des ames
Qui fut formé de votre fang.

Mere de Dieu, notre avocate,
Obtenez-nous un heureux fort,
Et que votre pouvoir éclate
Sur-tout au temps de notre mort.

SOIXANTE-ONZIEME CANTIQUE.
Le Symbole des Apôtres. Chant 26.

JE crois en Dieu le Pere tout-puiffant,
Le Dieu du ciel, de la terre & de l'onde,
Qui d'un feul mot a tiré du néant
Et le vifible & l'invifible monde.

D'un cœur foumis je crois en Jefus-Chrift,
Verbe fait chair, Fils unique du Pere,
Notre-Seigneur, conçu du Saint-Efprit,
Et dans le temps né d'une Vierge mere.

Après

Après cent maux fous Pilate foufferts ,
De fon amour il confomme l'ouvrage ;
Il meurt en croix , & defcend aux enfers ,
Pour délivrer les juftes d'efclavage.

Trois jours après qu'on l'a mis au tombeau
Le Dieu vainqueur en fort & reffufcite ;
Il monte au Ciel , & viendra de nouveau
Nous juger tous felon notre mérite.

Ainfi qu'au Fils , je crois au Saint-Efprit ;
Je crois la fainte & catholique Eglife ,
Et qu'en vertu du fang de Jefus-Chrift ,
Au pénitent toute offenfe eft remife.

Je crois les Saints & la Communion ,
Qui dans tous lieux les unit et les lie ;
Je crois des morts la réfurrection ,
Enfin la mort & l'éternelle vie.

SOIXANTE-DOUZIEME CANTIQUE.
Commandements de Dieu. Chants 21 & 22.

ADORE un Dieu qui feul eft adorable
Songe à lui plaire , à l'aimer nuit & jour ;
De tous les biens il eft le plus aimable ,
Aime-le donc du plus parfait amour.

Tu pourras bien , pour caufe légitime ,
Du Créateur attefter le faint nom ;
Mais c'eft charger ton ame d'un grand crime
Que de juger à faux & fans raifon.

Que le Dimanche aucune œuvre fervile
N'occupe un temps que tu dois au Seigneur ;
Mais tout le jour à fes ordres docile ,
Pour le fervir redouble ta ferveur.

Afin que tout ici-bas te profpere ,
Et que le Ciel t'accorde fon fecours ,
Refpecte , honore , affifte pere & mere ,
C'eft le moyen de prolonger tes jours.

Fuis l'homicide , évite la vengeance ,
N'écoute point une aveugle fureur ;
Car on ne peut fe venger d'une offenfe ,
Sans ufurper les droits d'un Dieu vengeur.

I

Des feux impurs qu'allume la luxure,
Défends ton cœur, & jamais n'y confens;
Mais, le corps chafte & l'ame toujours pure,
Préferve-toi du défordre des fens.

Envers autrui fois en tout équitable;
Contre fon gré ne lui prends jamais rien:
D'un crime égal on eft toujours coupable,
En retenant injuftement fon bien.

Si l'on t'oblige à rendre témoignage,
Fais-le toujours avec fincérité,
Et que jamais nul motif ne t'engage
A rien dire contre la vérité.

Non-feulement le Seigneur te commande
De t'abftenir d'un coupable plaifir;
Pour être chafte autant qu'il le demande,
Réprime encor jufqu'au moindre defir.

Dieu veut auffi que ton ame s'abftienne
De convoiter le bien de ton prochain;
Le defir même eft fujet à la peine
Dont il punit un injufte larcin.

SOIXANTE-TREIZIEME CANTIQUE.
Commandements de l'Eglife. Chants 21 & 22.

Fête, Dimanche affifte aux faints myfteres,
Sois-y préfent & de corps & d'efprit;
Préfere alors à tes autres affaires
Ce faint devoir que l'Eglife prefcrit.

Les Fêtes font par l'Eglife ordonnées
Pour honorer le Seigneur & fes Saints;
Ne fouffre point qu'elles foient profanées
Par le travail ou les plaifirs mondains.

La clef du Ciel aux Prêtres fut donnée
Pour le fermer & l'ouvrir au pécheur;
Pour le moins donc une fois chaque année
Vas te jetter aux pieds d'un confeffeur.

Du moins auffi vers la Fête Pafcale
Approche-toi du célefte banquet;
Mais prends avant la robe nuptiale,
De tout péché que ton cœur foit bien net.

Le jeûne eſt fait pour te punir toi-même,
Et pour dompter la révolte des ſens ;
La loi l'ordonne au ſaint temps de Carême,
Chaque Vigile & tous les Quatre-Temps.

Pour obéir aux ordres de l'Egliſe,
Ne mange point de chair le vendredi,
Et hors les lieux où la loi l'autoriſe,
N'en mange point auſſi le ſamedi.

SOIXANTE-QUATORZIEME CANTIQUE.
Priere du matin. Ch. 2. *Préſence de Dieu.*

Mon Dieu, je crois très-fermement
Que je ſuis en votre préſence,
Que je ne puis un ſeul moment
Me cacher à votre puiſſance ;
Je ſuis dans vous, & vous dans moi :
Ah ! Seigneur, augmentez ma foi.

ADORATION.
J'adore cette majeſté
Qui fait au Ciel trembler les Anges ;
Qui pendant une éternité
Vous attirera leurs louanges :
Ah ! quand pourrai-je dans les Cieux
Vous louer & bénir comme eux ?

Seigneur, je tremble en regardant
Votre grandeur & ma baſſeſſe ;
Je ne puis voir qu'en frémiſſant
Votre pouvoir & ma foibleſſe ;
Vous êtes tout, je ne ſuis rien,
O ſource unique de tout bien !

REMERCÎMENT.
Que de biens n'avez-vous pas faits
A cette indigne créature !
Mon cœur, tout perfide qu'il eſt,
Voit qu'ils ſont, hélas ! ſans meſure :
Et tous les lieux & tous les temps
Ne me font voir que vos préſents.

Comment pourrois-je, ô mon Sauveur !
Vous marquer ma reconnoiſſance ?

Je fuis, hélas ! un grand pécheur,
Dans la mifere & l'indigence ;
Souffrez au moins que par retour
Je vous offre tout mon amour.

AMOUR.

Ancienne & nouvelle beauté,
N'eft-il pas temps que je vous aime,
Vous qui de toute éternité
M'aimâtes d'un amour extrême ?
Ah ! Seigneur, je vais commencer,
Mais c'eft pour ne jamais ceffer.

Oui, mon Dieu, je veux vous aimer
De toute l'ardeur de mon ame ;
Je voudrois pouvoir confumer
Mon cœur d'une fi belle flamme :
Ah ! faites croître chaque jour
La ferveur d'un fi jufte amour.

CONTRITION.

Contre vous & contre les cieux
J'ai trop péché, Pere célefte ;
Je pleure tant d'excès honteux,
Sincérement je les détefte :
C'eft votre bonté, Seigneur,
Qui feule excite ma douleur.

Je ne fuis qu'un foible rofeau,
Vous-même voyez ma mifere ;
Voulez-vous contre un vermiffeau,
Faire éclater votre colere ?
Soyez, en jugeant ce pécheur,
Moins fon Juge que fon Sauveur.

OFFRANDE.

J'ofe encor, Seigneur, vous offrir
Ce que je m'en vais dire & faire ;
Penfer, defirer & fouffrir,
Je veux que tout foit pour vous plaire ;
Et je veux n'avoir d'autre but
Que votre gloire & mon falut.

BON PROPOS.

Seigneur, je ne veux plus pécher,
Ma résolution est forte ;
Je veux tout de bon retrancher
Tout engagement qui m'y porte ;
Et j'aime mieux cent fois mourir,
Que vivre & ne vous pas servir.

Mais j'ai beau former des projets,
Mon ame toujours languissante
Ne les accomplira jamais
Qu'avec une grâce puissante :
Accordez-moi cette faveur,
Vous serez le Dieu de mon cœur.

SOIXANTE-QUINZIEME CANTIQUE.
POUR LA TOUSSAINT ET LES MORTS.
Complainte des ames du Purgatoire.
Chant 10.

Mortels, écoutez vos freres,
Vos amis & vos parents,
Et jugez de nos miseres
Par nos lugubres accents :
Hélas ! Hélas !
Ne nous abandonnez pas !

Mille légeres souillures
Nous retiennent dans ces feux,
Tandis que les ames pures
Prennent leur vol vers les cieux. Hélas! &c.

A nos maux soyez sensibles,
Gémissez soir & matin ;
Versez sur ces feux horribles
Le sang de l'Agneau divin. Hélas ! &c.

Vos soupirs, vos vœux, vos larmes,
Offerts au Seigneur pour nous,
Seront de puissantes armes
Pour appaiser son courroux. Hélas ! &c.

Hâtez-vous, brisez nos chaînes,
Des feux faites-nous sortir ;
Nous saurons des mêmes peines

Quelque jour vous garantir.
Hélas ! Hélas !
Ne nous abandonnez pas.

SOIXANTE-SEIZIEME CANTIQUE.
Sur la mort. Chant 52.

Pense, mortel, à t'y réfoudre,
Ce fera bientôt fait de toi :
Tel aujourd'hui donne la loi,
Qui demain eft réduit en poudre ;
Et fouvent le jour le plus beau
Eft celui qui mene au tombeau.

Tout meurt, la fanté la plus vive
S'éteint, tes yeux en font témoins ;
Et lorfqu'on y penfe le moins,
Souvent le fils de l'homme arrive :
Combien au milieu d'un repas
Ont été furpris du trépas !

Aurois-tu la folle efpérance
De faire en terre un long féjour,
Toi qui ne peux même d'un jour
Difpofer avec affurance,
Et qui, peut-être en ce moment,
Verras ton corps au monument ?

Regle, regle mieux tes penfées,
Mets plus d'ordre en tes actions ;
Réforme tes affections,
Corrige tes folles idées,
Sachant qu'en tout temps, en tout lieu
Tu peux paroître devant Dieu.

Qui prend foin de fa confcience
Ne confidere dans la mort
Que la perte aimable d'un fort
Qu'il fouffre avec patience ;
Mais, au contraire, le pécheur
Ne la voit qu'avec frayeur.

Heureux qui de tout fe fépare
Pour n'en être jamais furpris,
Qui la regarde comme un prix,

Et qui chaque jour s'y prépare ;
La mort en tout temps peut s'offrir ,
Il meurt fans craindre de mourir.

   Veux-tu gagner la bienveillance
De ton Dieu , ton Juge & ton Roi ?
Prends foins d'envoyer devant toi
De bonnes œuvres par avance ;
Car compter d'en faire à la mort ,
C'eft compter fur un vain effort.

   Travaille donc & fans remife ,
Chaque moment eft précieux ;
Chaque inftant peut t'ouvrir les Cieux ,
Tout aujourd'hui te favorife :
Songe à recueillir ici-bas
De quoi vivre après le trépas.

   Un jour viendra , mais déplorable ,
Où tous les yeux en vain ouverts ,
Te feront voir combien tu perds
Perdant un temps fi favorable ;
Car , fans pouvoir te convertir ,
Hélas ! il te faudra partir.

   Penfe-y fans ceffe & fans feinte ,
Ce grand péril fe peut parer ,
Et la crainte peut raffurer
Contre tous les fujets de crainte :
Tu fais qu'on ne meurt qu'une fois ,
Crains donc la mort & la prévois.

SOIXANTE-DIX-SEPTIEME CANTIQUE.
Ferme réfolution d'une ame d'être toute à Dieu.
Chant 14.

EN fecret le Seigneur m'appele ,
Et me dit donne-moi ton cœur :
O mon Dieu , vous voilà vainqueur ,
Je vous ferai toujours fidele :
O mon Dieu , vous voilà vainqueur ,
Le monde n'eft qu'un perfide , un trompeur.

   Tout finit , tout nous abandonne ,
Les plaifirs s'en vont & les jeux :

Vous, Seigneur, n'êtes pas comme eux,
Prenez mon cœur, je vous le donne :
Vous, Seigneur, n'êtes pas comme eux,
Pour vous feront désormais tous mes vœux.

  Que sans Dieu l'on est misérable !
Rien sans lui ne nous paroît doux ;
Mais sitôt qu'il est avec nous,
La peine même est agréable ;
Mais sitôt qu'il est avec nous,
D'un mauvais sort on ne craint point les coups.

  Malheureux qui veut plaire aux hommes,
On n'a pas toujours leur faveur ;
Mais, pour être amis du Sauveur,
Dès que nous voulons nous le sommes ;
Mais pour être amis du Sauveur,
En un moment on obtient ce bonheur.

  L'amitié n'est plus qu'un langage,
C'est en vain qu'on en fait serment,
Je ne vois que déguisement,
Que jeu de faux personnages ;
Je ne vois que déguisement,
On dit qu'on s'aime, & l'on hait très-souvent.

  Tout est plein de ruse & d'adresse,
La mode est de nuire avec art ;
Tel pour vous a beaucoup d'égard,
Il vous fourit, il vous caresse ;
Tel pour vous a beaucoup d'égard,
Qui sourdement enfonce le poignard.

  Cependant on n'ose se plaindre,
Maux, chagrins, il faut tout céler ;
Gardez-vous, dit-on, de parler,
Il faut se taire & se contraindre ;
Gardez-vous, dit-on, de parler,
Le bon parti c'est de dissimuler.

  Ah ! Seigneur, dans votre service
On n'a pas de fâcheux retours ;
On ne craint aucuns mauvais tours.
De la brigue & de l'artifice ;

On ne craint aucuns mauvais tours,
On voit couler tranquillement ses jours.
    Vous fixez notre inquiétude,
Vous pouvez seul nous contenter;
Votre joug est doux à porter,
Celui du monde est bien plus rude;
Votre joug est doux à porter,
A peu de frais le ciel peut s'acheter.

    Le monde nous promet merveilles,
L'abord n'est qu'éclat, que beauté;
Mais après qu'il nous a flatté,
Quel est le fruit de tant de veilles?
Mais après qu'il nous a flatté,
On voit trop tard qu'il n'est que vanité.

    Le monde n'est jamais paisible,
Cette mer ne peut se calmer;
Ai-je pu m'en laisser charmer,
Et pour Dieu seul être insensible?
Ai-je pu m'en laisser charmer,
Et vivre, hélas! Seigneur, sans vous aimer?

    Ancienne, mais toujours nouvelle,
Ancienne & nouvelle beauté,
Je vous ai long-temps résisté,
J'étois un ingrat, un rebelle;
Je vous ai long-temps résisté,
Enfin, mon Dieu, vous l'avez emporté.

    Cherchons donc quelque solitude,
Il est temps de penser à soi:
Ah! Seigneur, augmentez ma foi,
Vous ferez mon unique étude;
Ah! Seigneur, augmentez ma foi,
Je veux en paix méditer votre loi.

SOIXANTE-DIX-HUITIEME CANTIQUE.
Sentiments d'une ame pénétrée de l'amour de Dieu. Chant 39.

O DIGNE objet de mes chants,
Daigne écouter mes accents!
Donne-moi cet amour tendre
Qui seul se fait bien entendre.

Regre à jamais sur mon cœur;
T'aimer fait tout mon bonheur.

Ah ! Seigneur, à vous servir
Que je trouve de plaisir !
Si mes yeux versent des larmes,
Mon cœur y trouve des charmes;
L'amour répand des douceurs
Sur l'amertume des pleurs.

Monde, tu donnes la loi
A ceux qui vivent pour toi ;
Mais que peux-tu sur une ame
Que l'amour divin enflamme ?
Vas, je connois tes douceurs;
Que d'épines sous tes fleurs!

Mon exil est prolongé,
Mon cœur en est affligé ;
C'est à toi seul que j'aspire,
C'est toi seul que je desire ;
Tout l'univers ne m'est rien,
Sans toi mon unique bien.

Le Seigneur est mon appui;
Mon espérance est en lui.
Oui, je connois sa tendresse,
Il me tiendra sa promesse;
Une couronne m'attend,
Si je l'aime constamment.

Seigneur, je languis d'amour
Dans l'attente de ce jour :
Quand le céleste héritage
Deviendra-t-il mon partage ?
Quand serai-je assez heureux
Pour voir combler tous mes vœux ?

Mondains, sujets aux revers,
Qui gémissez dans les fers,
Puissiez-vous le bien entendre,
Puissiez-vous le bien comprendre,
Combien le Seigneur est doux
A qui l'a pris pour époux !

Heureux qui garde ses sens,

Et qui combat ſes penchants !
O cieux ! chantez ſa victoire !
Il régnera dans la gloire ;
C'eſt-là le prix des vertus
Que Dieu donne à ſes élus.
 Si vous craignez le combat ,
De ce prix voyez l'éclat :
Ah ! quittez enfin le crime ,
Vous en ſeriez la victime ;
Dieu , las de tant de délais ,
Frappe enfin , mais pour jamais.

SOIXANTE-DIX-NEUVIEME CANTIQUE.
Sur l'amour du prochain.
Chant 38.

PArdeſſus tout aimons le Dieu ſuprême,
C'eſt notre maître & notre ſouverain ,
Lui ſeul eſt la bonté même ;
Mais on l'aimeroit en vain ;
 Il faut qu'on aime
 Encore le prochain ;
Dieu même le preſcrit ,
C'eſt le précis de l'Evangile ,
 D'un cœur docile
 Suivons-en l'eſprit.
Nous avons tous en Dieu le même pere ,
Nous avons tous le même créateur ,
La même Egliſe pour mere ,
Et le même rédempteur ;
 Chacun eſpere
 Le même bonheur :
Il faut donc qu'entre nous
Un ſaint amour regne ſans ceſſe ,
 Tout nous empreſſe ,
 Et rien n'eſt ſi doux.
C'eſt en Dieu ſeul qu'on doit aimer ſon frere ,
Et c'eſt alors qu'on l'aime en vrai chrétien ;
Montrons un deſir ſincere
De ſon véritable bien ;

Dans la mifere
Soyons fon foutien ;
Soulageons fes travaux ;
Qu'il reffente notre afliftance ;
Avec conftance
Souffrons fes défauts.
Plus de chrétiens dont le cœur implacable
A la douceur ne peut fe ramener ;
Leur crime eft impardonnable ,
S'ils ne veulent pardonner :
Homme intraitable ,
Pourquoi s'obftiner ?
Approche de Jefus ,
Et fur une croix le contemple ;
Suis fon exemple ,
Ne te venge plus.
Pour le prochain toujours plein d'indulgence ,
L'on ne doit point le juger dans fon cœur ;
Sur lui gardons le filence ,
N'attaquons point fon honneur ;
La médifance
Doit être en horreur :
Plus de malignité ,
De trahifon , ni d'artifice ;
Plus d'injuftice ,
Beaucoup d'équité.
Que la difcorde en tout temps foit bannie ;
Que parmi nous regne une aimable paix ;
C'eft le bonheur de la vie ,
Suivons toujours fes attraits :
La noire envie
Doit fuir pour jamais ;
Que par fa charité
Le chrétien faffe reconnoître
Qu'il a pour maître
Le Dieu de bonté.
O charité , vertu la plus aimable !
Heureux qui fent tes divines ardeurs ,

O tréfor plus eftimable
Que les biens , que les grandeurs !
 Don ineffable ,
 Viens remplir nos cœurs :
 Nous recourons à vous ;
Ce bien fi grand , fi néceffaire ,
 Dieu débonnaire ,
 Accordez-le nous.

QUATRE-VINGTIEME CANTIQUE.
Sentiments de reconnoiffance & d'amour.
Chant 9.

SEIGNEUR, dès ma premiere enfance
Tu me préviens de tes bienfaits :
Heureux fi ma reconnoiffance
Dans mon cœur les grave à jamais !
 Le monde trompeur & volage
En vain m'offriroit fa faveur ,
Je n'en veux point ; tout mon partage
Eft de n'aimer que le Seigneur. Fin.

 Dieu regne en pere dans mon ame ,
Il en remplit tous les defirs ,
Et l'amour pur dont il m'enflamme
Vaut feul mieux que tous les plaifirs.
 Le monde , &c.

 Si je m'égare , il me rappele ;
Si je tombe , il me tend la main ;
Il me protege fous fon aîle ,
Et me renferme dans fon fein. Le monde , &c.

 Si je fuis conftant & fidele
A conferver fon faint amour ,
Une récompenfe éternelle
M'attend dans fon divin féjour.
 Le monde , &c.

QUATRE-VINGT-UNIEME CANTIQUE.
Sur le Jugement dernier.
Chant 26.

QUEL bruit affreux fait retentir les airs !
J'entends fonner la trompette effroyable ;

Le Dieu vivant vient juger l'univers :
O jour terrible ! ô jour épouvantable !

Tout se confond, & la terre & les cieux ;
L'aftre du jour arrête fa carriere :
Dieu regne feul, Dieu feul brille à nos yeux ;
Et devant lui tout n'eft plus que pouffiere.

On ne voit plus que des tombeaux s'ouvrir.
Nous en fortons, la mort rend fes victimes ;
Dans ce défordre, à qui donc recourir ?
Un Dieu vengeur va punir tous nos crimes.

Il n'eft plus temps d'implorer fa bonté,
Nous arrivons au jour de la juftice ;
Le bien, le mal, par lui tout eft compté ;
Nous attendons la grace ou le fupplice.

L'homme pécheur condamné fans retour,
Se voit en proie aux flammes éternelles :
Le ciel attend l'homme jufte à fon tour ;
Il va cueillir des palmes immortelles.

Déjà fa main eft prête à vous punir :
N'attendez pas, pécheurs, qu'elle vous frappe ;
Par vos regrets il faut la prévenir :
Ce juge eft tel qu'à fes yeux rien n'échappe.

On cherche en vain les voiles de la nuit
Pour lui cacher une intrigue coupable ;
Ce Dieu puiffant, par qui le jour nous luit,
Porte dans l'ombre un éclat redoutable.

De fes regards il ne faut qu'un feul trait
Pour pénétrer la nuit la plus profonde ;
Tel n'a perdu la grâce qu'en fecret,
Qui va rougir aux yeux de tout le monde.

O jugement ! que tu me fais trembler !
Moi qui ne fuis qu'un amas de fouillures :
Ton feul afpect fuffit pour nous troubler,
Quand nous aurions nos ames toutes pures.

Songeons fans ceffe à ce terrible jour,
La crainte eft jufte autant que falutaire :
Faifons fi bien par fon heureux retour,
Que notre juge enfin foit notre pere.

ACTES AVANT LA COMMUNION.

Acte de Foi.

MON Sauveur Jesus-Christ, je crois ferme-ment que vous êtes en corps & en ame, vrai Dieu & vrai homme au saint sacrement de l'autel, & que je vais vous y recevoir.

Acte d'Adoration.

Je vous adore, ô mon divin Jesus ! avec tous les anges & tous les saints du paradis dans cet auguste sacrement.

Acte de Contrition.

Mon Seigneur Jesus-Christ, j'ai une douleur extrême de vous avoir offensé, vous qui êtes la bonté même : hélas ! Seigneur, plutôt mourir que de vous offenser jamais.

Acte d'Humilité.

O mon Dieu & mon Sauveur ! je confesse en la présence de votre divine majesté que je ne suis que néant & que péché, & que je mérite l'enfer. O divin Sauveur ! ayez compassion de ma misere.

Acte d'Amour & de Desir.

Mon Sauveur & mon Dieu, je vous aime de tout mon cœur, de toute mon ame, de toutes mes forces, pardessus toutes choses, & pour l'amour de vous-même ; je desire ardemment de vous recevoir & de vous être tellement uni, que je n'en sois jamais séparé.

Pendant que le Prêtre qui va donner la com-munion, dit le Domine, non dignus, &c., on le dira en français, & on le répétera trois fois.

Seigneur, je ne suis pas digne que vous ve-niez en moi ; mais dites seulement une parole, & mon ame sera guérie.

ACTES APRÈS LA COMMUNION.

Acte d'Adoration.

MON divin Sauveur, je vous reconnois pour mon Créateur ; je vous adore de toute mon ame, avec tous les anges & tous les saints.

Acte de Remercîment.

Mon Sauveur & mon Dieu, je vous remercie de tout mon cœur de la grâce que vous me faites en vous donnant à moi dans cette communion.

Acte d'Amour.

O mon divin Sauveur ! je vous aime de toute mon ame ; je vous offre l'amour que tous les saints ont pour vous dans le ciel.

Acte d'Offrande.

Je vous offre, ô mon Dieu ! tout ce que j'ai & tout ce que je suis ; disposez de moi selon votre bon plaisir, dans le temps & dans l'éternité.

Acte de Demande.

Je vous conjure, ô mon Dieu ! par les mérites de notre Seigneur Jésus-Christ, de me faire la grâce d'accomplir parfaitement votre sainte volonté en toutes choses, & de me donner la persévérance dans votre saint amour jusqu'à la fin.

Acte d'Espérance.

J'espere, mon Dieu, qu'après vous avoir possédé en ce monde, je vous posséderai éternellement en l'autre.

Renouvellement des promesses du baptême, qu'il est très-utile de faire après la communion.

Je renouvelle, ô mon Dieu ! à la face de la sainte Eglise, les vœux de mon baptême ; je fais profession & promets, moyennant votre sainte grâce, de croire en Jésus-Christ, de l'honorer & de l'imiter toute ma vie : c'est pourquoi je renonce de tout mon cœur à satan, à ses pompes & à ses œuvres.

Actes

Actes qu'il faut faire le plus souvent qu'on peut pendant le jour.

Acte de Foi sur le Mystere de la Sainte Trinité.

JE crois fermement qu'il y a un seul Dieu en trois personnes, le Pere, le Fils & le S. Esprit.

Acte de Foi sur le Mystere de l'Incarnation.

Je crois que le Fils de Dieu, seconde Personne de la Sainte Trinité, s'est fait Homme pour nous racheter.

Acte de Foi sur le Mystere de la Passion.

Je crois que le Fils de Dieu fait Homme, est mort pour nous sur l'arbre de la Croix.

Acte de Foi général.

Mon Dieu, je crois fermement toutes les vérités que l'Eglise enseigne, parce que c'est vous qui les lui avez révélées.

Acte d'Espérance.

Mon Dieu, j'espere de votre bonté & de votre miséricorde infinie, par les mérites de J. C. mon Sauveur, la vie éternelle, & les moyens nécessaires pour y parvenir.

Acte d'Amour.

Je vous aime, ô mon Dieu! par-dessus toutes choses, & j'aime mon prochain comme moi-même pour l'amour de vous.

Acte de Contrition.

Mon Dieu, j'ai un extrême regret de vous avoir offensé, parce que vous êtes infiniment bon & infiniment aimable: je me propose, avec le secours de votre sainte grace, de plutôt mourir que de jamais vous offenser.

Acte d'Adoration.

Je vous adore, ô mon Dieu, comme mon Créateur, mon Rédempteur & mon Juge; je vous reconnois pour mon Maître & souverain Seigneur, & veux vous être soumis jusqu'au dernier soupir de ma vie.

EXERCICE

Pour régler ses principales actions durant la journée.

I. *Le matin, à son réveil, il faut faire le signe de la Croix, en disant* : Au nom du Pere, & du Fils, & du Saint-Esprit. Ainsi soit-il, & *dire* : Mon Dieu, je me donne tout à vous.

II. *Ensuite il est bon de prendre de l'Eau bénite, & de se souvenir de son Baptême.*

III. *Après s'être habillé modestement, il faut se mettre à genoux, & dire* : Mon Dieu, je vous remercie de m'avoir conservé pendant cette nuit ; je vous offre toutes les actions que je ferai aujourd'hui ; je vous prie de m'accorder la grace de ne point vous offenser ; je vous la demande au nom & par les mérites de N. S. J. C.

Ensuite on fait tous en commun, ou en particulier, la Priere du matin, comme ci-après, p. 116.

IV. *Avant que l'on commence son travail* : Mon Dieu, je vous offre mon travail : donnez-y, s'il vous plaît, votre bénédiction, afin qu'il soit pour votre gloire & pour mon salut.

V. *Avant le repas.*

℣. *Benedicite.*
℟. *Dominus.*

Nos & ea quæ sumus sumpturi benedicat dextera Christi. In nomine Patris, & Filii, & Spiritus sancti. Amen.

℣. Bénissez.
℟. Que ce soit le Seigneur.

Que la main de J. C. bénisse nos personnes & la nourriture que nous allons prendre. Au nom du Pere, & du Fils, & du S. Esprit. Ainsi soit-il.

VI. *Après le repas.*

Nous vous rendons grâces, pour tous vos bienfaits, ô Dieu tout-puissant ! qui vivez & régnez dans tous les siecles des siecles.

Ainsi soit-il.

℣. Bénissons le Seigneur.

℟. Rendons grâces à Dieu.

Que les ames des Fideles défunts reposent en paix, par la miséricorde de Dieu.

Ainsi soit-il.

Agimus tibi gratias, omnipotens Deus, pro universis beneficiis tuis, qui vivis & regnas in secula seculorum.

Amen.

℣. *Benedicamus Domino.*

℟. *Deo gratias.*

Fidelium animæ per misericordiam Dei requiescant in pace.

Amen.

VII. *Quand on sonne l'Angelus.*

L'Ange du Seigneur annonça à la Ste. Vierge Marie qu'elle enfanteroit le Sauveur, & elle conçut par l'opération du S. Esprit.

Je vous salue, Marie, &c.

Voici la Servante du Seigneur, qu'il me soit fait selon votre parole.

Je vous salue, Marie, &c.

Et le Verbe éternel a été fait chair, & il a habité parmi nous.

Je vous salue, Marie, &c.

Prions.

SEIGNEUR, répandez votre grâce dans nos cœurs, afin qu'ayant connu, par la voix de l'Ange, le Mystere de l'Incarnation de votre

Angelus Domini nuntiavit Mariæ, & concepit de Spiritu sancto.

Ave, Maria, &c.

Ecce ancilla Domini, fiat mihi secundùm verbum tuum.

Ave, Maria, &c.

Et Verbum caro factum est, & habitavit in nobis.

Ave, Maria, &c.

Oremus.

GRATIAM tuam quæsumus, Domine, mentibus nostris infunde, ut qui Angelo nuntiante, Christi Filii tui In-

K 2

carnationem cogno-
vimus, per paffionem
ejus & crucem, ad
refurrectionis, glo-
riam perducamur.
Per eundem Chrif-
tum, &c. Amen.

Fils, nous puiffions ar-
river heureufement, par
les mérites de fa paffion
& de fa croix, à la gloi-
re de la réfurrection.
Ainfi foit-il.

VIII. *Avant que de fe coucher, il faut faire, ou en commun ou en particulier, la Priere du foir, comme ci-après, page 125.*

IX. *En fe mettant au lit, il faut prendre de l'Eau bénite, faire le figne de la Croix, & dire:* Mon Dieu, préfervez-moi de tout danger & de tout péché durant cette nuit. Sainte Marie, mere de Dieu, priez pour moi, maintenant & à l'heure de ma mort. Que les ames des Fideles trépaffés repofent en paix. Ainfi foit-il.

PRIERES DU MATIN.

✝ *Au nom du Pere, & du Fils, & du Saint-Efprit. Ainfi foit-il.*

ESPRIT faint, venez en nous, éclairez nos ames de vos lumieres, & embrâfez nos cœurs de votre divin amour.

Mettons-nous en la préfence de Dieu, adorons-le & le remercions de tous fes bienfaits.

Acte d'Adoration.

DIEU éternel & tout-puiffant, Pere, Fils, & Saint-Efprit, je vous adore & je vous reconnois pour fouverain Seigneur & Maître de tout ce qui eft au ciel & en la terre; je fuis votre créature, je vous dois tout ce que je fuis; je confeffe qu'il n'y a point d'autre Dieu que vous; j'honore de tout mon cœur votre domaine fouverain, & j'aime à dépendre de vous en toutes chofes.

Acte de Remercîment.

MON Dieu, je vous remercie très-humblement de toutes les grâces que vous m'a-
vez faites jufqu'à préfent, & particulierement
de m'avoir créé à votre image & reffemblance ;
de m'avoir racheté par le fang précieux de
votre Fils ; de m'avoir fait chrétien & enfant de
l'Eglife Catholique, Apoftolique & Romaine,
& de m'avoir confervé durant cette nuit.

Acte de Contrition.

EST-IL poffible, ô mon Dieu ! que je vous
aie fi malheureufement offenfé, en abufant
de vos bienfaits avec tant d'ingratitude &
d'injuftice ? Je m'en repens de tout mon cœur,
& je vous en demande très-humblement pardon, par Jefus-Chrift Notre-Seigneur.

Acte d'Amour.

MON Dieu, je vous aime fincérement par-
deffus toutes les créatures, & plus que
moi-même ; je me facrifie tout à vous, & je fuis
réfolu de tout perdre & de tout fouffrir, plutôt
que de vous déplaire & de vous offenfer jamais.

Acte d'Offrande.

MON Dieu, je vous offre la journée que
je commence ; je vous demande la grâce
de l'employer à votre fervice & à mon falut :
je vous confacre mes penfées, mes paroles
& mes actions ; je les unis à celles de votre
Fils bien-aimé Notre-Seigneur Jefus-Chrift,
& je vous fupplie de donner votre bénédiction à mon travail. Eloignez de moi les oc-
cafions de vous offenfer, délivrez-moi de tous
les dangers fpirituels & corporels qui m'en-
vironnent, & faites-moi la grace d'accomplir
avec amour votre fainte volonté.

NOTRE Pere, qui étes dans les Cieux,	PATER nofter, qui es in cœlis, fanc-

tificetur nomen tuum.
Adveniat regnum
tuum. Fiat voluntas
tua, ficut in cœlo &
in terra. Panem nof-
trum quotidianum da
nobis hodiè. Et di-
mitte nobis debita
noftra ficut & nos
dimittimus debitori-
bus noftris. Et ne
nos inducas in ten-
tationem ; fed libera
nos à malo.

Amen.

Ave, Maria, gra-
tiâ plena, Do-
minus tecum, bene-
dicta tu in mulieri-
bus, & benedictus
fructus ventris tui
Jefus.

Sancta Maria,
Mater Dei, ora pro
nobis peccatoribus,
nunc & in hora mor-
tis noftræ. Amen.

Credo in Deum
Patrem omnipo-
tentem, Creatorem
Cœli & Terræ. Et
in Jefum Chriftum
Filium ejus unicum
Dominum noftrum,
qui conceptus eft de
Spiritu fancto: natus
ex Maria Virgine,
paffus fub Pontio Pi-
lato, crucifixus, mor-

que votre nom foit
fanctifié : Que votre re-
gne arrive : Que votre
volonté foit faite en la
terre comme au ciel.
Donnez-nous aujourd'hui
notre pain de chaque
jour. Et nous pardon-
nez nos offenfes, comme
nous pardonnons à ceux
qui nous ont offenfés.
Et ne nous induifez point
en tentation ; mais déli-
vrez-nous du mal.

Ainfi foit-il.

Je vous falue, Marie,
pleine de grâces, le
Seigneur eft avec vous ;
vous êtes bénie entre
toutes les femmes, &
Jefus le fruit de vos
entrailles eft béni.

Sainte Marie, Mere de
Dieu, priez pour nous qui
fommes pécheurs, main-
tenant & à l'heure de
notre mort. Ainfi foit-il.

Je crois en Dieu le
Pere tout-puiffant,
Créateur du Ciel & de
la terre. Et en J. C.
fon Fils unique Notre-
Seigneur, qui a été con-
çu du Saint-Efprit, eft
né de la Vierge Marie,
a fouffert fous Ponce-
Pilate, a été crucifié, eft
mort, & a été mis dans
le fépulcre ; eft defcen-

du aux enfers, le troisieme jour est ressuscité des morts ; est monté aux Cieux, est assis à la droite de Dieu le Pere tout - puissant, d'où il viendra juger les vivants & les morts. Je crois au Saint-Esprit, la sainte Eglise Catholique, la Communion des Saints, la rémission des péchés, la Résurrection de la chair, & la Vie éternelle. Ainsi soit-il.

JE confesse à Dieu tout - puissant, à la bienheureuse Marie toujours Vierge, à S. Michel Archange, à S. Jean-Baptiste, aux bienheureux Apôtres S. Pierre & S. Paul, & à tous les Saints, que j'ai beaucoup péché en pensées, en paroles & en actions : par ma faute, par ma faute, par ma très-grande faute ; c'est pourquoi je prie la bienheureuse Marie toujours Vierge, saint Michel Archange, saint Jean-Baptiste, les bienheureux Apôtres saint Pierre & saint Paul, & tous les Saints, de prier Dieu Notre - Seigneur

tuus & sepultus : descendit ad inferos, tertiâ die resurrexit à mortuis ; ascendit ad cælos, sedet ad dexteram Dei Patris omnipotentis, indè venturus est judicare vivos & mortuos. Credo in Spiritum sanctum, sanctam Ecclesiam Catholicam, Sanctorum Communionem, Remissionem peccatorum, carnis Resurrectionem, vitam æternam. Amen.

CONFITEOR Deo omnipotenti, beatæ Mariæ semper Virgini, beato Michaeli Archangelo, beato Joanni Baptistæ, sanctis Apostolis Petro & Paulo, & omnibus Sanctis, quia peccavi nimis cogitatione verbo & opere : meâ culpâ, meâ culpâ, meâ maximâ culpâ ; ideò precor beatam Mariam semper Virginem, beatum Michaelem Archangelum, beatum Joannem Baptistam, sanctos Apostolos Petrum & Paulum, & omnes sanctos, orare pro

me ad Dominum pour moi.
Deum noſtrum.

MISEREATVRnoſ-trî omnipotens Deus, & dimiſſis peccatis noſtris, perducat nos ad vitam æternam. Amen.

QUE Dieu tout-puiſſant nous faſſe miſéricorde, & qu'après nous avoir pardonné nos péchés, il nous conduiſe à la vie éternelle. Ainſi ſoit-il.

INDUIGENTIAM, abſolutionem & remiſſionem peccatorum noſtrorum tribuat nobis omnipotens & miſericors Dominus. Amen.

QUE le Seigneur tout-puiſſant & miſéricordieux, nous accorde le pardon, l'abſolution & la rémiſſion de nos péchés. Ainſi ſoit-il.

Dignare, Domine, die iſto, ſine peccato nos cuſtodire.

Daignez, Seigneur, en ce jour nous préſerver de tout péché.

Miſerere noſtrî, Domine, miſerere noſtrî.

Ayez pitié de nous, Seigneur, ayez pitié de nous.

Fiat miſericordia tua, Domine, ſuper nos, quemadmodùm ſperavimus in te.

Que votre miſéricorde, ô mon Dieu! ſe répande ſur nous, ſelon l'eſpérance que nous avons en vous.

Domine, exaudi orationem meam, & clamor meus ad te veniat.

Seigneur, exaucez ma priere, & que mes cris s'élevent juſqu'à vous.

Prions.

SEIGNEUR, Dieu tout-puiſſant, qui nous avez fait parvenir au commencement de cette journée, ſauvez-nous par votre miſéricorde, afin que, durant ce jour, nous ne nous laiſſions aller à aucun péché, mais que toutes nos penſées, nos paroles & nos actions ne tendent qu'à accomplir les regles de votre juſtice.

Par

Par N.-S. J.-C. votre Fils, qui vit & regne avec vous, en l'unité du Saint-Esprit, dans tous les siecles des siecles. Ainsi soit-il.

Que la sainte Vierge & tous les Saints intercedent pour nous auprès du Seigneur, afin que nous soyons secourus & sauvés par celui qui vit & regne dans tous les siecles des siecles. Ainsi soit-il.

Priere à l'Ange Gardien.

Ange de Dieu, préposé pour ma garde par la bonté divine, prenez soin de m'éclairer, de me conduire & de me défendre durant ce jour & en toute occasion.

Litanies du Saint Nom de Jesus.

Kyrie, eleison.   Christe, eleison.
Kyrie, eleison.
Jesu, audi nos.
Jesu, exaudi nos.
Pater de cœlis Deus, Miserere nobis.
Fili Redemptor mundi Deus,
Spiritus sancte Deus,
Sancta Trinitas unus Deus,
Jesu Fili Dei vivi,
Jesu splendor Patris,
Jesu candor lucis æternæ,
Jesu Rex gloriæ,
Jesu sol justitiæ,
Jesu Fili Mariæ Virginis,
Jesu amabilis,
Jesu admirabilis,
Jesu Deus fortis,
Jesu Pater futuri seculi,
Jesu magni consilii Angele,
Jesu potentissime,
Jesu patientissime,
Jesu obedientissime,
Jesu mitis & humilis corde,
Jesu amator castitatis,
Jesu amor noster,

Miserere nobis.

Miserere nobis.

L.

Jefu Deus pacis,
Jefu autor vitæ,
Jefu exemplar virtutum,
Jefu zelator animarum,
Jefu Deus nofter,
Jefu refugium noftrum,
Jefu Pater pauperum,
Jefu thefaurus fidelium,
Jefu bone Paftor,
Jefu lux vera,
Jefu fapientia æterna,
Jefu bonitas infinita,
Jefu via & vita noftra,
Jefu gaudium Angelorum,
Jefu Rex Patriarcharum,
Jefu infpirator Prophetarum,
Jefu Magifter Apoftolorum,
Jefu Doctor Evangeliftarum,
Jefu fortitudo Martyrum,
Jefu lumen Confefforum,
Jefu puritas Virginum,
Jefu corona Sanctorum omnium,

Miferere nobis.

Propitius efto,	Parce nobis, Jefu.
Propitius efto,	Exaudi nos, Jefu.
Ab omni malo,	Libera nos, Jefu.
Ab omni peccato,	Libera nos, Jefu.
Ab ira tua,	Libera nos, Jefu.

Ab infidiis diaboli,
A fpiritu fornicationis,
A morte perpetua,
A neglectu infpirationum tuarum,
Per myfterium fanctæ incarnationis tuæ,
Per nativitatem tuam,
Per infantiam tuam,
Per diviffimam vitam tuam,
Per labores tuos,
Per agoniam & paffionem tuam,
Per crucem & derelictionem tuam,
Per languores tuos,

Libera nos, Jefu.

Per mortem & fepulturam tuam ,   **Libera.**

Per refurrectionem tuam ,

Per afcenfionem tuam ,

Per gaudia tua ,

Per gloriam tuam ,

Agnus Dei , qui tollis peccata mundi , **Parce** nobis , Jefu.

Agnus Dei , qui tollis peccata mundi , **Exaudi** nos , Jefu.

Agnus Dei , qui tollis peccata mundi , **Mifere-** re nobis , Jefu.

Jefu , audi nos. Jefu , exaudi nos.

Oremus.

DOMINE Jefu Chrifte , qui dixifti : Petite & accipietis ; quærite & invenietis ; pulfate & aperietur vobis : quæfumus, da nobis petentibus diviniffimi tui amoris affectum , ut te toto corde & opere diligamus , & à tua nunquam laude ceffemus. Qui vivis , &c.

Priere pour les Vivants & les Fideles trépaffés.

MON Dieu , je vous recommande tous les befoins de l'Eglife & de l'Etat , tous mes parents , bienfaiteurs , amis & ennemis ; je vous prie pour la converfion des pécheurs , des infideles , des hérétiques & des fchifmatiques , & en général pour tous les vivants & fideles trépaffés, afin qu'il vous plaife leur donner à tous ce que vous favez leur être néceffaire ; par les mérites de Jefus-Chrift votre Fils. Ainfi foit-il.

Les Commandements de Dieu.

1. UN feul Dieu tu adoreras Et aimeras parfaitement.

2. Dieu en vain tu ne jureras , Ni autre chofe pareillement.

3. Les Dimanches tu garderas En fervant Dieu dévotement.

4. Pere & mere honoreras , Afin que tu vives longuement.

5. Homicide point ne feras
   De fait ni volontairement.
6. Luxurieux point ne feras
   De corps ni de confentement.
7. Le bien d'autrui tu ne prendras
   Ni retiendras à ton efcient.
8. Faux témoignage ne diras,
   Ni ne mentiras aucunement.
9. L'œuvre de chair ne defireras
   Qu'en mariage feulement.
10. Biens d'autrui ne convoiteras
    Pour les avoir injuftement.

Les Commandements de l'Eglife.

1. LES Fêtes tu fanctifieras
   Qui te font de commandement.
2. Les Dimanches Meffe ouiras,
   Et les Fêtes pareillement.
3. Tous tes péchés confefferas,
   A tout le moins une fois l'an.
4. Et ton Créateur recevras
   Au moins à Pâque humblement.
5. Quatre-Temps, Vigiles jeûneras,
   Et le Carême entiérement.
6. Vendredi chair ne mangeras,
   Ni le Samedi pareillement.

Confidérons que ce jour nous eft donné pour travailler à notre falut ; que ce fera peut-être le dernier de notre vie ; que la mort nous furprendra fi nous n'y penfons pas. Prenons des mefures pour ne pas tomber dans les péchés que nous avons commis par le paffé ; occupons-nous fouvent de Dieu pendant la journée ; fuyons l'oifiveté, & menons une vie qui foit conforme à celle de Jefus-Chrift notre modele, afin que, par ce moyen, nous puiffions arriver à la vie éternelle par le même Jefus-Chrift Notre-Seigneur. Ainfi foit-il.

PRIERES DU SOIR.

✝ *Au nom du Pere , & du Fils , & du Saint-Esprit. Ainſi ſoit-il.*

ESPRIT faint, venez en nous, éclairez nos ames de vos lumieres , & embrâſez nos cœurs de votre divin amour.

Je vous adore , ô mon Dieu ! je crois & j'eſpere en vous : je vous aime & vous reconnois comme le Pere des miſéricordes , & la ſource de tout bien ; je vous remercie de toutes les grâces que vous m'avez faites pendant tout le cours de ma vie , & ſur-tout de m'avoir conſervé juſqu'à ce moment ; je vous prie de m'accorder juſqu'à la mort toutes celles qui me ſont néceſſaires : par Jeſus-Chriſt notre Seigneur. Ainſi ſoit-il.

Mon Dieu, ſouverain juge des hommes , qui, par une miſéricorde infinie , ne voulez pas que le pécheur périſſe , mais qu'il évite par ſa pénitence vos redoutables jugements , je me préſente humblement devant vous pour vous rendre compte de cette journée. Donnez-moi , Seigneur , les lumieres dont j'ai beſoin pour connoître mes fautes , & la douleur néceſſaire pour les déteſter.

Examinons notre conſcience ſur les fautes que nous avons commiſes aujourd'hui , par penſées , paroles , actions & omiſſions , en nous arrêtant particulierement aux péchés qui nous ſont les plus ordinaires.

Il faut examiner ici ſa conſcience.

Acte de Contrition.

Mon Dieu, je vous demande très-humblement pardon & miſéricorde, par notre Seigneur Jeſus-Chriſt votre fils : j'ai un extrême regret de vous avoir offenſé, & je déteſte mes péchés, parce qu'ils vous déplaisent, & que vous êtes infiniment bon ; je fais une ferme résolution, moyennant votre sainte grâce, de n'y plus retomber, d'en éviter les occasions, d'en faire pénitence, & de mieux vivre à l'avenir.

Mon Dieu, ne nous traitez pas selon nos péchés, & ne nous rendez pas ce que nous avons mérité par nos offenses ; mais plutôt faites paroître sur nous les effets de votre ineffable miséricorde. Délivrez-nous de tout péché, des embûches du démon, de nos mauvaises inclinations, d'une mort imprévue ; & en nous faisant la grace de nous conduire à une véritable pénitence, faites que nous puissions persévérer dans une bonne vie jusqu'à la mort.

Confiteor, &c. *Misereatur*, &c. *Indulgentiam*, &c. page 119 & suiv.

Exaucez, ô Dieu tout-puissant ! les trèshumbles prieres de ceux qui s'adressent à vous, & remettez les péchés de ceux qui vous les confessent, afin que nous recevions de votre bonté le pardon de nos offenses, & le bonheur d'une véritable paix : par Jesus-Christ notre Seigneur. Ainsi soit-il.

Pater noster. Notre Pere, p 117.
Ave, Maria. Je vous salue, p. 118.
Credo in Deum. Je crois en Dieu, *ibid.*

Litanies de la sainte Vierge.

KYrie, eleison.	Christe, eleison.
Kyrie, eleison.	
Christe, audi nos.	
Christe, exaudi nos.	
Pater de cœlis Deus,	Miserere nobis.
Fili Redemptor mundi Deus,	Miserere.
Spiritus Sancte Deus,	Miserere.
Sancta Trinitas unus Deus,	Miserere.

Sancta Maria, Ora pro nobis.
Sancta Dei genitrix,
Sancta Virgo Virginum,
Mater Christi,
Mater divinæ gratiæ,
Mater purissima,
Mater castissima,
Mater inviolata,
Mater intemerata,
Mater amabilis,
Mater admirabilis,
Mater Creatoris,
Mater Salvatoris,
Virgo prudentissima,
Virgo veneranda,
Virgo prædicanda,
Virgo potens,
Virgo clemens,
Virgo fidelis,
Speculum justitiæ,
Sedes sapientiæ,
Causa nostræ lætitiæ,
Vas spirituale,
Vas honorabile,
Vas insigne devotionis,
Rosa mystica,
Turris Davidica,
Turris eburnea,
Domus aurea,
Fœderis arca,
Janua cœli,
Stella matutina,
Salus infirmorum,
Refugium peccatorum,
Consolatrix afflictorum,
Auxilium Christianorum,
Regina Angelorum,
Regina Patriarcharum,
Regina Prophetarum,

Ora pro nobis.

Ora pro nobis.

Regina Apoftolorum ,   Ora pro nobis.

Regina Martyrum ,

Regina Confefforum ,

Regina Virginum ,

Regina Sanctorum omnium ,

Agnus Dei , qui tollis peccata mundi , Parce nobis , Domine.

Agnus Dei , qui tollis peccata mundi , Exaudi nos , Domine ,

Agnus Dei , qui tollis peccata mundi , Mifeiere nobis.

℣. Ora pro nobis , fancta Dei genitrix.

℞. Ut digni efficiamur promiffionibus Chrifti.

Oremus.

DEUS qui in finu Virginis matris tuæ caftiffimæ requiefcere dignatus es ; da nobis, ipfâ intercedente, ut inimici per noctem devitemus infidias , & tu fis noftra quies & tutum præfidium; qui vivis & regnas , &c.

Prions Dieu pour notre faint Pere le Pape , pour Monfeigneur notre Archevêque , pour tous les Pafteurs de l'Eglife , pour tous les Prêtres & Miniftres du Seigneur ; pour l'Empereur , l'Impératrice , & pour toute la Famille Impériale ; pour tous ceux qui nous gouvernent , pour les captifs , malades & affligés , & pour tous les Fideles en général.

Seigneur, qui appellez tous les hommes à la grâce du falut , répandez votre bénédiction fur votre Eglife & fur tous les Fideles qui la compofent. C'eft votre Providence , ô mon Dieu ! qui les a placés dans les différents érats où ils fe trouvent ; donn z-leur les fecours dont ils ont befoin pour s'y fanctifier , & faites que , dans toutes leurs actions , ils n'aient d'autre vue que celle de votre gloire & de leur falut. Ainfi foit-il.

Seigneur, faites miféricorde aux ames des fideles trépaffés.

Priere pour les Fideles Trépaffés.

DE profundis clamavi ad te, Domine :
Domine, exaudi vocem meam.

Fiant aures tuæ intendentes : in vocem deprecationis meæ.

Si iniquitates obfervaveris, Domine : Domine, quis fuftinebit ?

Quia apud te propitiatio eft : & propter legem tuam fuftinui te, Domine.

Suftinuit anima mea in verbo ejus : fperavit anima mea in Domino.

A cuftodia matutina ufque ad noctem : fperet Ifrael in Domino.

Quia apud Dominum mifericordia : & copiofa apud eum redemptio.

Et ipfe redimet Ifrael : ex omnibus iniquitatibus ejus.

Requiem æternam dona eis, Domine : Et lux perpetua luceat eis.

Oremus.

FIDELIUM, Deus, omnium Conditor &
Redemptor, animabus omnium fidelium defunctorum, remiffionem cunctorum tribue peccatorum, ut indulgentiam quam femper optaverunt, piis fupplicationibus, confequantur, qui vivis & regnas in fecula feculorum. Amen.

Requiem æternam dona eis, Domine.
Et lux perpetua luceat eis.
Requiefcant in pace. Amen.

MON Dieu, faites que nous nous tenions toujours fur nos gardes, & que nous veillions fans ceffe, parce que le démon, notre ennemi, tourne autour de nous comme un lion rugiffant, cherchant quelqu'un qu'il puiffe dévorer comme fa proie. Donnez-nous donc, Seigneur, la force de lui réfifter, & de demeurer toujours fermes dans votre foi;

ô vous qui vivez & régnez dans tous les
siecles des siecles. Ainsi soit-il.

FILS de Dieu, écoutez-nous, exaucez-
nous, conservez-nous durant cette nuit,
& nous y préservez de tout péché. Faites-
nous ressentir les effets de votre miséricorde,
à nous qui mettons en vous seul toute notre
confiance. Rendez-vous attentif à nos prieres
& aux desirs de nos cœurs. Que nos cris s'é-
levent jusqu'à vous, qui vivez & régnez dans
tous les siecles des siecles. Ainsi soit-il.

NOUS vous supplions, Seigneur, de vi-
siter notre demeure, & d'en éloigner
toutes les embûches du démon notre ennemi; que vos saints Anges y habitent pour
nous y conserver en paix, & que votre bénédiction demeure toujours sur nous, par
Jesus-Christ Notre-Seigneur. Ainsi soit-il.

QUE Dieu tout-puissant & tout miséri-
cordieux, le Pere, le Fils, & le Saint-
Esprit, nous donne une nuit tranquille & une
heureuse fin, & qu'il nous bénisse & nous
protege toujours. Ainsi soit-il.

Les Commandements de Dieu, page 123.

Souvenons-nous que cette journée sera peut-
être la derniere de notre vie, & que nous ne
savons pas si nous ne mourrons point cette nuit;
faisons ce qui dépend de nous pour nous mettre
*en l'état où nous **voudrions** être à l'heure de*
la mort.

FIN.

TABLE DES CANTIQUES.

TABLE.

Fin de la Table.

A Rouen. De l'Imprimerie de N. HERMENT,
Imprimeur de Son Emin. Mgr. le Cardinal, rue
Nationale, n°. 24.

www.ingramcontent.com/pod-product-compliance
Lightning Source LLC
Chambersburg PA
CBHW071814090426
42737CB00012B/2082